vitro
situ
vivo

지식 e⁴

in

knowl@dge

EBS 지식채널ⓔ 지음

지식ⓔ season 4

in vitro
　 situ
　 vivo

북하우스

무용해 보이는 그 모든 상상들이 이 세계를 바꾼다
김연수, 소설가

궁금한 건 이런 질문들이다. 힘은 어디에서 오는가? 언제 우리는 조금 더 강해지는가?

기륭전자 노조농성 1,040일째 되던 날, 한 여성조합원이 이 질문에 대답한다.

"반드시 현장으로 돌아가겠다는 희망을 가지고 그동안 안 해본 일이 없습니다. 단식, 삭발, 삼보일배, 고공투쟁, 노숙투쟁을 진행하면서 비정규직의 설움을 온몸으로 느꼈습니다."

잠녀 할머니가 대답한다.

"스킨스쿠버? 그게 있으면 한 사람이 백 명 일도 할 수 있다며? 근데 그렇게 하면 나머지 아흔아홉은 어떻게 되나?"

그러니까, 연약해 보이는 그 모든 것이 힘이다. 외롭고 고통받고 슬퍼한 뒤에 우리는 조금 더 강해진다.

나는 '올바른 세계'가 가능하다고 말하지 않고, '다른 세계'가 가능하다고 말한다. 대신에, 외롭고 고통받고 슬퍼하는 사람들을 무시하고 짓밟는 자들은 언제나 틀렸다고 말한다. 우리가 지금까지 알고 있던 세계는 그들이 규정한 세계다. 맞다, '그들'은 언제나 틀렸다. 하지

> 궁금한 건 이런 질문들이다.
> 힘은 어디에서 오는가?
> 언제 우리는 조금 더 강해지는가?

만 이 '세계'가 틀렸다고는 말하지 말자. 대신에 다른 세계가 가능하다고 말해보자. 우리를 꿈꾸게 만드는 건 역설적으로 이런 부조리하고 불합리한 세계이니까. 그리하여 외롭고 고통받고 슬퍼하는 사람들이 어둠 속에서 울면서 꿈을 꾼다. 깃털처럼 부드럽고 연약한, 흐르는 물이 꾸는 꿈을. 그런 꿈이 다른 세계를 만든다.

마지막으로, 전쟁에서 왼손을 잃어버린 레판토의 외팔이는 이렇게 대답한다.

"그래! 남은 오른손으로 글을 쓰는 거야!"

그렇다면 남은 오른손으로 우리는 무엇을 할 것인가? 이 질문에 하루 종일 안경알을 깎고 또 깎았던, 네덜란드의 철학자는 이렇게 말했다. "비록 불확실할지라도 온 힘을 다해 길을 찾으려 애썼다." 온 힘을 다해 길을 찾으려 애쓰는 한, 우리는 불확실해질 수밖에 없다. 불확실해질 수밖에 없는 한, 우리는 우리 안에서 외로움과 고통과 슬픔을 발견하게 된다. 비로소 그때 다른 세계는 다시 한 번 가능해질 것이다. 우리 안의 외로움과 고통과 슬픔을 통해 이웃의 외로움과 고통과 슬픔에 눈을 뜨게 되면서.

이 책은 남은 것들, 여분의 것들, 제외된 것들을 바라보는 일이 곧 지식이라고 말한다. 해고된 비정규직, 나머지 아흔아홉 명, 그리고 남

> 상상하자.
> 이뤄질 때까지 상상하자.

은 오른손을 생각하는 일. 그들에게도 이 세상에서 해야 할 일은 남아 있다고 상상하는 일. 그 정도의 생각과 상상만으로 다른 세계는 충분히 가능하다고 말하는 책. 그렇게 말할 수 있다는 사실만으로도 너무나 아름다운 책이다. 연약해 보이는 그 모든 것이 바로 힘이 되듯이, 무용해 보이는 그 모든 상상들이 이 세계를 바꾸리라.

지폐는 두 손으로 찢으면 그냥 찢어지는 종이에 불과하지만, 모든 사람들이 그게 만 원이라고 생각할 때, 우리는 그 연약한 종이로 쌀을 살 수 있다. 그리고 그 쌀이면 우리는 내일 굶어죽을 수 있었던 한 아이를 살릴 수 있다. 지식은 돈과 같은 것이다. 모두가 상상할 때, 우리의 지식은 쌀이 될 것이다. 하지만 그것만으로는 부족하다. 그 쌀을 나눠줄 때, 비로소 미래는 바뀐다. 외롭고 고통받고 슬퍼하던 한 아이가 사라진 세계에서 그 아이가 여전히 살아 있는 세계로. 이게 세상을 바꾸는 가장 혁명적인, 그리고 가장 오래된 방식이다. 그러니 상상하자. 이뤄질 때까지 상상하자.

그리고 남은 오른손으로는 글을 쓰자.

index

무용해 보이는 그 모든 상상들이 이 세계를 바꾼다 _김연수 004

prologue 슬픈 얼굴의 기사 010

1 in vitro
일상의 테두리 밖에서

- 01 벌금인생 020
- 02 그걸 바꿔봐 030
- 03 우주왕복선과 말 엉덩이 040
- 04 블랙독 054
- 05 한 장의 지도 064
- 06 90%를 위한 디자인 078
- 07 나 같은 흑인 088
- 08 네 번째 사과 100
- 09 two jobs, 스피노자의 이유 112
- 10 이소룡이 이소룡에게 124

11	물이 되는 꿈	132
12	"잘 들립니까?" "네, 잘 들립니다"	142
13	한센인	152
14	용서의 조건	164
15	토론의 달인	174
16	뉴딜	186
17	시한폭탄	198
18	한잘라	212
19	변화의 조건	230
20	Frame	242

in situ 2
세상의 결을 따라

3 in vivo
다시 삶의 테두리 속으로

21	세상에서 가장 싼 밥	254
22	구멍 없는 구멍가게	260
23	3년	266
24	논에서 들려온 이야기	278
25	감자굴 상학이	288
26	494,011개의 꿈	300
27	산소의 무게	306
28	가장 적합한 자의 생존	312
29	'위험'한 힘	322
30	최고의 자격	334

epilogue 레판토의 외팔이 344

supplement MUSIC© 350

prologue

방랑기사가 세상을 떠돌며 선행을 베풀고
억압받는 자들을 해방시키던
그런 시절이 있었지

비루먹은 말 로시난테를 타고
시종 산초와 함께 길을 떠난
우리의 방랑기사

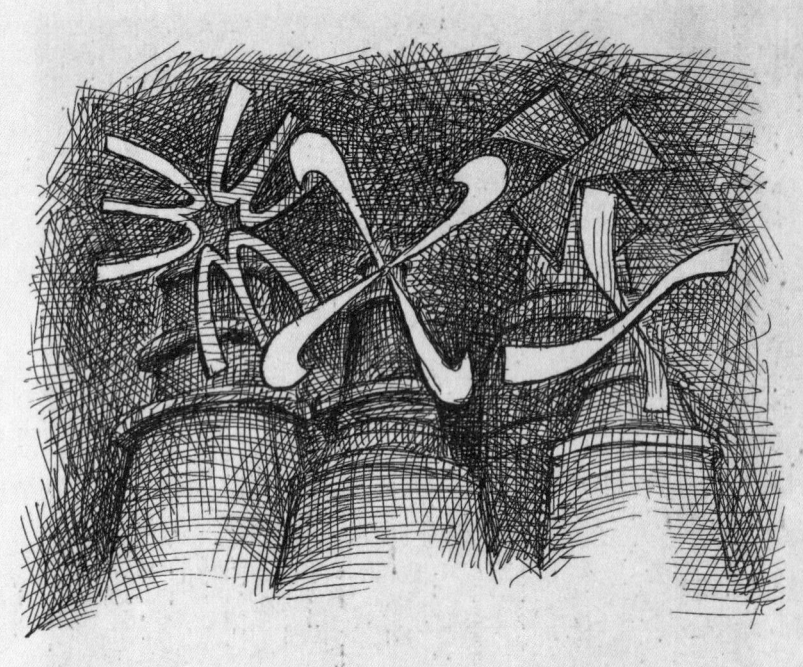

풍차를 향해 돌진하며
"도망치지 마라! 이 비열한 겁쟁이들아!"

양떼를 공격하며
"적군을 무찌르자!"

우리의 방랑기사는 결국
사람들로부터 돌팔매질을 당한다

"방랑기사? 저주나 받으라지!"

"내 생애 최고의 불행은 바로
당신과 맞닥뜨린 거야!"

그래도 우리의 방랑기사는
굳게 결심한다

"죽을 때까지
나는 방랑기사로 살아갈 것이다!"

방랑기사가 본 세상은
용기가 아닌 오만
덕이 아닌 폭력
진실 아닌 거짓이 판치는 세상

"난 미친사람이라는 오명을 남긴 채
죽고 싶지 않아…"

시종 산초는
죽어가는 방랑기사에게
새로운 별명을 붙여준다

슬픈 얼굴의 기사

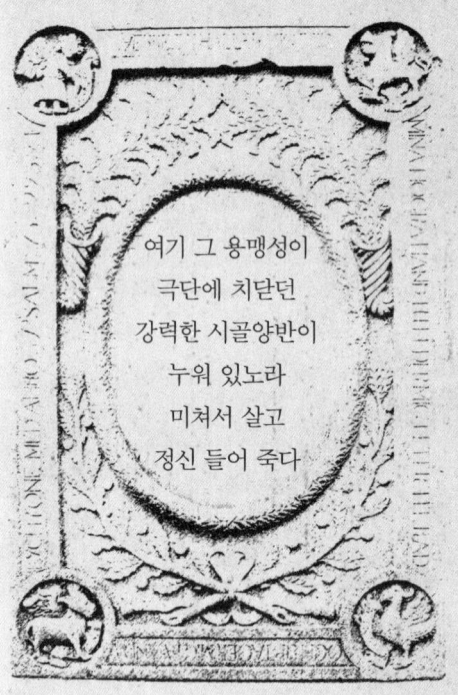

여기 그 용맹성이
극단에 치닫던
강력한 시골양반이
누워 있노라
미쳐서 살고
정신 들어 죽다

돈 키호테 Don Quixote
진정한 방랑기사를 꿈꾼
라만차의 늙은 시골귀족

part 1 일상의 테두리 밖에서

벌금인생
그걸 바꿔봐
우주왕복선과 말 엉덩이
블랙독
한 장의 지도
90%를 위한 디자인
나 같은 흑인
네 번째 사과
two jobs, 스피노자의 이유
이소룡이 이소룡에게

1

in
vitro

01
벌금인생

이런 멍청한 권력 같으니라구!

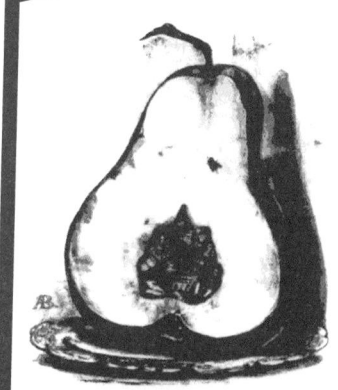

노동자, 농민에게
새로운 시대를 약속하며
프랑스의 왕이 된
루이 필립

"**나는 시민의 왕
평등의 왕이다!**"

그러나 지켜지지 않는 약속과
한 장의 그림

비눗방울을 불고 있는 한 남자…
비누방울에 적혀 있는 것들은
루이 필립의 공약이었다

터지기 쉬운 비눗방울???!!!

국왕을 모독한 죄로
기소당한 화가
샤를 필리봉 Charles Philipon

만화잡지 『La caricatur』의 발행인
샤를 필리봉은
너무 자주 감옥을 들락거린 탓에
1년 잡지 발행 비용보다
벌금이 더 많은 해도 있었다
그러나

"길이 울퉁불퉁하다고 두려워하는
여행자를 본 일이 있는가!"

국왕을 더욱 화나게 한 그림
< LES POIRES >

POIRES,
배pear
또는 얼간이

점점 배 모양으로 변해가는 한 사람의 얼굴…

또다시 기소되는
샤를 필리봉
기소이유는
국왕의 인격모독

우리의 필리봉 화백은
법정에서 스스로를 변론한다.

"제1의 그림이 국왕과 닮았다는 이유로 죄가 된다면
제1의 그림을 닮은 제2의 그림도 죄가 되고,
제2의 그림을 닮은 제3의 그림도,
제3의 그림을 닮은 제4의 '배' 그림도 죄가 됩니다.
그렇다면 배를 재배한 농민들은 모두 유죄입니까?
배와 유사한 형태의 물건은 모두 고발되어야 합니까?
그렇다면 정부는 배나무에서 열리는
모든 배를 투옥해야 마땅합니다!"

재판정에 터지는 폭소에도 불구하고
징역 6개월이 선고되고
'벽보금지'라고 써놓은 거리공시판은
'배 금지'라고 다시 쓰여진다

집권자의 정치에 대한 실망감을
웃음으로 승화시킨 파리시민들

"캐리커처를 보고
우리는 사실을 발견하는 것이 아니라
사실에 대한 민중의 감정을 발견하는 것이다.
화가와 민중이 현실에 대해 가지고 있는
이미지를 얻는 것이다."

페르디낭 드 레세프

* 출소한 샤를 필리봉은 새잡지 『르 샤리바리』에 다시 배 그림을 싣고 다시 투옥된다

● 대한민국 정치적 필화의 간략사

『사상계』 발행인 장준하

국립국어원의 뜻풀이에 '필화筆禍'란 발표한 글이 법률적으로나 사회적으로 문제를 일으켜 제재받는 것이라고 되어 있다. 그러나 통상적 의미에서 필화는 법률적·사회적 제재라기보다는 '지배적인 권력과 정권에 의한 제재'라고 말하는 편이 정확하다. '필筆'의 의미도 단순히 '글'에 국한되는 것이 아니라 모든 표현방식을 포괄한다고 볼 수 있다.

이렇게 의미를 확장할 경우 한국사회에서 필화의 예는 셀 수 없이 많다. 왕권국가에서 식민지시대 그리고 다시 공화국으로 전환되는 불편하고 왜곡된 근대화 과정과 뒤이은 민주화 과정은 수많은 사회적 갈등과 문화지체들을 양산해왔다. 그 과정에서 발생한 다양한 필화사건들은 '모든 국민은 사상의 자유와 표현의 자유를 갖는다'고 선언하고 있는 대한민국 헌법을 매순간 새삼스럽게 만들어왔다.

1910년 10월 조선의 유학자 황현이 국권 피탈을 통탄하는 내용의 한시를 경남일보에 기고하자 조선총독부는 이를 문제삼아 경남일보에 정간처분을 내린다. 이후 제2차 세계대전에서 일본이 패망하기까지 조선의 '민족언론'들은 일상적인 탄압을 받아왔다.

장준하가 이끌던 『사상계』는 전후戰後 남한의 지식인사회에서 가장 유력한 잡지였다. 1958년 『사상계』 8월호가 함석헌의 '생각하는 백성이라야 산다'를 싣자 이승만 정권은 함석헌과 장준하를 구속한다. 함석헌의 구속과 함께 경찰은 각 서점에 풀린 『사상계』를 압수하기 시작하지만 서점들이 재빨리 이를 숨겨두었다가 비밀리에 다시 파는 상황도 벌어졌다. 『사상계』는 이후 폐간과 복간을 거듭하며 박정희 정권 시절까지 한국의 비판지성계를 대표하는 잡지로 명맥을 유지했으나 1975년 장준하가 의문사하면서 종지부를 찍게 된다. 1993년 '장준하선생 사인규명 진상조사위원회'가 구성되어 본격적으로 타살 의혹이 공론화되었으나 결정적인 증거가 없어 여전히 의혹 수준에 머물러 있는 상태다.

박정희 정권 시절 가장 유명했던 필화는 김지하의 '오적 사건'이었다. 1970년 5월호 『사상계』에 실린 김지하의 시 「오적」을 당시 신민당 기관지 『민주전선 제40호』가 전재하자 당국은 그 시의 내용을 문제삼았다. 문제의 담시譚詩 「오적」은 "시를 쓰되 좀스럽게 쓰지 말고 똑 이렇게 쓰렸다"로 시작해서 "허허허 이런 행적이 백대에 인멸치 아니하고 인구에 회자하여 날 같은 거지시인의 시귀에까지 올라 길이길이 전해오것다"로 끝나는 300여 행에 달하는 장시로 당시 정권과 졸부들의 타락상을 꼬집는 풍자로 점철되어 있다. 결국 관련자 4명이 반공법 위반 혐의로 구속되었고, 이후 3년간의 법정논란 끝에 전원 유죄판결을 받기에 이른다. 시인 김지하는 이적혐의가 적용되어 징역 1년에 집행유예 1년을 선고받았으며, 『민주전선』 주간 등은 더욱 무거운 징역 3년에 자격정지 3년을 선고받았다.

한국 현대사에서 가장 이색적인 필화사건은 전두환 정권 초기인 1981년에 일어난 무림파천황 사건이다. 연세대 신학과에 재학중이던 박영창은 아르바이트로 번역과 무협소설 창작을 하고 있었는데, 무협소설 『무림파천황』에 사파와 정파의 투쟁을 "변증법적으로 설명"하는 대목을 집어넣은 것이 문제가 되었다. 작가가 학생운동과 관련되어 안기부에 끌려간 상황에서 하필 안기부가 무협소설에서 문제적인 대목을 찾아낸 것이다. 특히 '강북무림'이 '강남무림'에 대해 '남진'을 표현한 내용이 북한의 남진을 연상시킨 것으로 지적되었다. 결국 박영창은 국가보안법 위반 혐의로 기소되어 1심에서 징역 3년, 2심에서 징역 2년을 선고받았는데, 13가지 죄목 중 하나가 바로 '무림파천황 창작 유포'였다.

● '변태'와 '음란'의 논죄 속에 사라져간 한 시대의 작가들

1990년대 들어 '정치적' 필화사건들은 민주화의 바람을 타고 차츰 사라

져갔고 '외설' 필화라는 새로운 양상이 등장했다. 1991년 연세대 국문과 교수 마광수의 소설『즐거운 사라』는 '교수와 학생 사이의 섹스'와 '변태적 페티시즘'을 본격적으로 다루고 노골적인 표현을 서슴지 않았다는 이유로 큰 사회문제가 되어 결국 법정으로까지 비화되었다. 1992년 10월 28일 아침, 검찰은 마광수를 외설 혐의로 긴급 체포하고, 전격 구속했다. 이에 이문열을 필두로 한 보수적 문인들과 지식인사회는 마광수 비판에 열을 올렸고, 진보적인 논자들의 옹호와 반대에도 불구하고 마광수는 1992년 12월 28일 1심에서 징역 8월에 집행유예 2년을 선고받는다. 이어 1995년 6월 16일 대법원은 마광수의 상고심을 기각하고 원심을 확정지었다. 그해 8월 8일 연세대는 마광수를 면직조치하였다. 이후 그는 지속적인 복직운동을 벌여 1998년 연세대 교수로 복직되었으나 문단에서는 아직 회생하지 못하고 있는 형편이다.

시인이자 소설가인 장정일은 기독교 원리주의 종파인 '여호와의 증인' 집안에서 자라며 중졸 학력에도 불구하고 문학창작을 독학했다는 특이한 이력과 함께 다수의 문제적 작품들로 평단의 주목을 받아왔다. 1990년 시인에서 소설가로 변신하면서『아담이 눈뜰 때』를 출간하고 1996년에는『내게 거짓말을 해봐』를 출간했는데, 이 두 번째 소설이 '음란죄'로 사법적 판단의 대상이 되기에 이른다. 이로써 장정일은 마광수와 함께 1990년대에 정치적인 문제가 아닌 사안으로 필화에 휘말려 구속되는 새로운 전례를 남기게 되었다. 이후 장정일은『독서일기』시리즈와『삼국지』등을 출간했을 뿐 새로운 소설 등 고유한 창작작업에는 손을 놓고 있는 형편이다.

1990년대 성담론을 중심으로 한 필화사건들은 정치에서 문화적 권력, 일상적 문제로 사회적 패러다임이 이동한 한국사회의 좌표를 가늠케 한다. 그리고 2009년 현재, 역시 필화사건으로 볼 수 있는 '미네르바 사태'는 정치도 성도 아닌 경제문제였다는 점에서 다시 흥미롭다. 필화는 당대의 트렌드와 함께 문화적 지체를 반영한다.

● 최진실법에 최진실이 없다?

2008년 있었던 배우 최진실의 자살이 직접적으로 네티즌들의 악플 때문이라는 지적이 있는 가운데 2009년 2월 현재 정부여당은 '사이버모욕죄' 및 '인터넷실명제'의 입법을 추진하고 있다. 일부 미디어가 사용한 이후 '최진실법'으로 통칭되는 이러한 인터넷 규제법안들의 입법 움직임은 2008년 전여옥 의원이 운을 떼고 장제원 의원이 그 필요성을 강조하면서부터 본격화되었다.

이러한 법안이 논란이 되는 이유는 "잇따른 연예인 자살사건을 표면적인 계기로 내세우고 있으나 사실상 촛불정국 이후로 정부여당이 정부비판적인 인터넷담론에 대해 법률적 제재를 시도하려는 것"이라는 비판에 기인한다. 이와 관련하여 인터넷 신문 프레시안은 2008년 10월 5일사 '최진실법에 최진실이 없다'라는 기사를 통해 19세기 프랑스에서 있었던 샤를 필리봉의 필화사건을 언급한 뒤 이렇게 논평했다.

"법의 처벌 이전에 우리사회의 합리적 이성은 풍자와 모욕을 구분할 줄 안다. 최 씨의 자살 사건에도 불구하고 일부 악플러들이 기승을 부리지만 인터넷 공간에선 이를 꾸짖고 나무라는 선량이 훨씬 많다. 정부와 한나라당이 추진하는 '최진실법'은 사실 '악플 단속'에 그치지 않고 자신들을 향한 '풍자'까지도 단죄하겠다는 의도가 아닐런지…"

장제원 의원은 2008년 7월 국회에서 있었던 긴급현안질의에서 미국 경찰이 시위진압에 경찰견을 동원하는 장면을 담은 동영상을 보여주며 "우리의 시위진압 매뉴얼이 약하다"고 발언한 이후 네티즌들로부터 분분한 비난과 함께 '장제원 열사'라는 별명을 얻은 바 있다. 그는 일명 '최진실법'의 제정에 찬성하는 요지의 발언을 하면서 이렇게 덧붙였다.

"국회에서 처음으로 긴급현안질문을 한 후 본인들과 생각이 다르다는 이유만으로 일부 네티즌들로부터 무차별한 테러를 당했다."

02

그걸 바꿔봐

목줄이 너무 짧아?
길게 늘이면 되잖아!

길게 늘이면 되잖아?

그러면 개는 그늘에 들어갈 수 있을 테고
그늘에 드러누워서 짖기를 멈추겠지

그렇게 조용해지면
엄마는
거실에 새장을 걸어놓고 싶었다는 게 기억날 거야

카나리아가 노래를 불러주면
엄마는 다림질을 더 많이 할 수 있을 테고
새로 다린 셔츠를 입고 출근하는 아빠는
어깨가 조금 덜 쑤시겠지

그걸 바꿔봐

퇴근 후 집에 돌아온 아빠는 예전처럼
십대인 누나와 TV를 보며 농담을 할 거야
그러면 누나는
큰맘 먹고 이번 한 번만
남자친구를 다음 가족외식 때 데려가보자고
결심할지도 몰라

아빠는
저녁식사에 동석한 그 젊은 친구에게
언제 한번 낚시나 같이 가자고 하시겠지

그냥 줄을 길게 늘여보는 거야
누가 알겠니?
하나를 바로잡으면
다른 변화가 천 개쯤 이어질 거야

그냥 개의 목줄을 길게 늘여보는 거야

출처: 『여기, 우리가 만나는 곳』 (존 버거 저, 강수정 역, 열화당, 2006)

● 개끈 하나가 세상을 바꾼다?

'브라질의 나비 한 마리가 날갯짓을 하면 미국 텍사스에 토네이도가 발생한다.'
나비효과Butterfly Effect는 미국의 기상학자 에드워드 N. 로렌츠E. Lorentz가 처음 발표한 이론으로 이후 물리학의 카오스 이론Chaos Theory의 태동에 일조했다. 일반적으로는 작고 사소한 사건 하나가 나중에 커다란 효과를 가져올 수 있다는 의미로 쓰이지만, 카오스 이론에서는 초기조건의 민감한 의존성에 따른 미래결과의 예측불가능성을 의미한다. 사실 나비의 날갯짓과 토네이도 사이의 연관관계는 무엇으로도 설명이 불가능하다. 때문에 이는 시공간을 가로질러 어떤 하나의 원인이 다른 결과를 초래하는 과정을 과학적으로 예측할 수 없다는 말이기도 하다.

나비효과는 로렌츠가 「결정론적인 비주기적 유동Deterministic Nonperiodic Flow」이라는 논문을 발표하면서 세상에 알려지기 시작하여 '결정론적 카오스Deterministic Chaos'의 개념으로 발전하게 된다. 로렌츠는 컴퓨터를 사용하여 기상현상을 수학적으로 분석하는 과정에서 초기조건의 미세한 차이가 시간의 흐름에 따라 점점 커져 그 결과에 엄청나게 큰 차이를 발생시킨다는 것을 발견했다. 이처럼 처음에는 과학 분야에서 태동했지만 그 개념의 포괄적 성격과 문학적 상징성 때문에 점차 경제학과 일반 사회학 등에도 광범위하게 쓰이게 되었다. 나비효과라는 이름도 처음에는 갈매기가 주인공이었다가 이후 시적 강조의 의도로 변경된 것이다.

1개월 후나 1년 후의 정확한 기상예보가 불가능하듯이 주식이나 경기의 장기적인 예측도 불가능하다. 최근 세계적 경기침체의 방아쇠 역할을 한 미국의 서브프라임 모기지 사태는 미국의 한두 금융기업의 부도로부터 시작되었다. 2007년 4월 파산신청한 미국의 서브프라임모기지 업체 뉴센트리파이낸셜New Century Financial이 나비라면 미국의 서브프라임모기지 사태는 토네이도다. 미국의 서브프라임모기지 사태가 나비라면 세계적인 경기침체는 토네이도다.

SF장르에서 시간여행을 다룰 때 흔히 과거의 사건에 미래인이 개입하

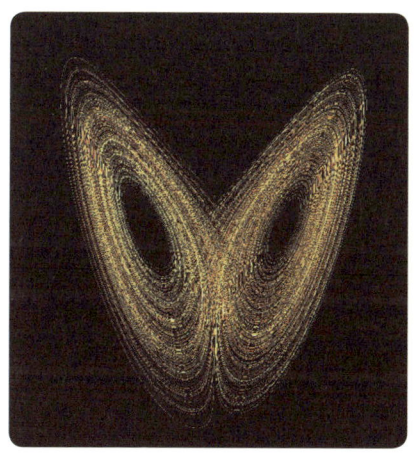

는 것을 금기시하는 것도 바로 나비효과 때문이다. 과거의 사소한 사건 하나가 변화되었을 때 현재(미래)의 양상은 너무나 달라질 수 있다는 경고인 셈이다. 최근에는 애쉬튼 커쳐Christopher Ashton Kutcher 주연의 영화 〈나비효과〉가 시간여행 개념과 나비효과 개념을 뒤섞어 과거를 잊거나 바꾸고자 하는 인간의 욕망을 표현했고, 가수 신승훈은 "너를 보낸 후에 알게 됐던 것 널 보내기 전에 모두 알았더라면 미리 알았더라면"이라는 가사를 담은 〈나비효과〉라는 노래를 발표하기도 했다.

이처럼 나비효과는 점차 대중적인 개념으로 진화하고 있지만, 복잡성의 메커니즘을 보다 명확히 이해하려는 카오스 이론의 기본적인 전제를 벗어나 시나치게 인과관계만을 강조하는 직선적인 역사관 내지 세계관을 설명하는 데 동원되기도 한다. 그러나 나비효과는 오히려 과도한 예측이나 조작적 정의가 어려운 미래에 대한 설명을 하기에 적합하다.

● 상상마당, 상상예찬, 상상공방, 상상플러스…

요즘 빤한 광고문구나 네이밍에 곧잘 사용되고 있는 것이 '상상' 혹은 '상상력'이지만, 이것을 과학철학적 개념으로 격상시킨 사람이 있었다. 바로 문학비평가이면서 시인이기도 했던 프랑스의 철학자 <u>가스통 바슐라르Gaston Bachelard</u>로, 독창적인 사고와 기발한 문체, 새로운 철학적 화법으로 프랑스 현대사상사의 독보적 존재가 된 인물이다. 미셸 푸코Michel

Foucault가 "바슐라르는 서구의 인식론 전체를 덫에 걸리게 만들었다"라고 말한 것은 바슐라르가 구축한 상상력에 관한 이론체계가 그동안 서구를 지탱해 온 전통적 합리주의에 대해 완전히 새로운 질문을 시도했다는 의미였다.

바슐라르는 물, 불, 공기, 흙의 4원소에 대해 독자적인 '물질상상력' 이론을 정립함으로써 프랑스 신비평분야의 새로운 영역을 창조한 것으로 평가된다. 『불의 정신분석』 『물과 꿈』 『공기와 꿈』 『공간의 시학』 『몽상의 시학』 『촛불의 미학』 등이 바로 이러한 독자적인 상상력 이론을 구축한 저서들이다. 과학철학자이기도 했던 그는 "상상력은 반드시 물질적 현존(une presence materielle)을 필요로 한다"고 전제한다. 상상력의 근거가 되는 '물질적 현존'이란 '실체'라는 개념과 대치해도 좋은 것으로 이 세계를 이루는 모든 구성물을 뜻한다. 물질적 현존은 항상 실체가 형태화, 구체화되기 이전에 존재한다. 즉, 물질이 아직 형태화되지 않았을 때 그것은 유동적이고 추상적이므로 이런 물질은 항상 형상화되고자 하는데 바로 이 과정에 '상상력'이 개입한다는 것이다. 좀 더 명확하게 과장해보면, 바슐라르에게 있어 상상력이란 곧 '세상을 있게 하는 원동력'인 셈이다.

바슐라르에 의하면, 상상력은 객관적 진리를 획득하려는 노력을 방해하거나 비현실적인 꿈을 추동하는 게 아니라 놀라운 창조성을 갖는 중요한 인식의 하나다. 인간에게는 객관화를 지향하는 의식과 몽상을 지향하는 의식이 공존하며, 몽상은 객관화하려는 의식을 방해하는 게 아니라 그와는 별도로 현실적이고 창조적인 기능을 갖는다는 것이다.

바슐라르는 인간의 상상력이 결코 '현실과 유리된 꿈'이 아님을 강조한다. 바슐라르가 말하는 상상력은 세계를 인식하고 세계를 구성하는 '근본적인 힘'이며 '인식론적 토대'다. 바슐라르의 계보를 잇는 동시에 상상

Gaston Bachelard

력이라는 개념을 통해 아예 인류학 전체를 다시 구축하려 했던 질베르 뒤랑Gilbert Durand 역시 인류의 상상력 내지 그 실체로서의 상상계를 '지적 결여 상태'로 폄하하고 있는 사르트르와 여타의 주지주의를 강하게 비판한다.

전통적인 서구사회에서 상상력은 한때 '오류와 거짓의 원흉'으로, 심지어는 '영혼에 대한 범죄'로 지탄받아왔다. 진중권 중앙대 겸임교수는 저서 『놀이와 예술 그리고 상상력』에서 "상상력이 풍부했던 중세를 극복하려는 17세기 합리주의자들이 인간의 사유를 냉철한 이성의 법칙에 묶어두기 위해 상상력을 배제하고 억압한 것"이라고 전제하며 "미래에는 노동이 유희가 될 것이라는 카를 마르크스의 예언처럼 상상력이 생산력으로 전화하면서 노동은 점차 유희에 가까워지고 있다"고 주장했다.

상상력을 실존 내지 실용의 지위로까지 복권시키려는 이러한 시도들은 소위 '굴뚝산업'으로 불리는 제조업에서 벗어나 지식과 감성, 상상력에 기반한 산업시스템이 미래의 시장을 주도할 것이라는 주장으로까지 나아가고 있다. 미래학자 롤프 옌센Rolf Jensen은 서서 『드림 소사이어티』에서 "정보사회 다음인 '꿈의 사회'에서는 상품을 사고파는 것이 아니라 상품에 담긴 꿈을 사고팔게 될 것"이라고 역설했다. 현대사회, 근미래사회의 소비자들은 단순히 상품 자체를 구매하는 것이 아니라 상품에 담겨져 있는 스타일과 이야기, 경험과 감성을 구매한다는 것이다.

그러나 계몽주의, 합리주의에 의해 그간 억압되어왔던 인간의 창조성을 되살리자는 의의를 넘어 "상상할 수 있는 능력이 곧 경제력이자 생산력"이라는 이러한 주장들은 자칫 근육의 수고로움에 기반한 전통적인 실물경제에 대한 과도한 부정으로 나아갈 위험성도 있다는 지적이 있다. 최근 전 세계를 위협하고 있는 경제위기는 화폐가 교환가치로서의 실물성을 잃고 오로지 자기복제만을 위한 지렛대 눈금이 되어 오히려 실물경제의 견실성을 위협한 결과라고도 볼 수 있다. 할리우드 영화 〈매트릭스 Matrix〉 시리즈에 등장하는 인류가 무한한 '감각의 삶'을 살 수 있는 것은 튜브로 쉼없이 공급되는 유기질이 있기에 가능한 것이었다.

03

우주왕복선과 말 엉덩이

기술자들은 추진로켓을
좀 더 크게 만들고 싶었지만
4피트 8½인치를 벗어날 수 없었다

2007년 8월 8일
우주왕복선 엔데버 호

미국 유타 주 공장에서
플로리다 주의 미항공우주국 발사대까지
기차로 옮겨야만 하는 추진로켓은
열차터널을 통과하기 위해
열차선로 폭에 맞춰 설계되었다

선로 폭은 4피트 8$\frac{1}{2}$인치
전 세계 철도의 60%가
이 표준궤간을 따른다

열차선로 폭에 맞춰 설계된 우주로켓?

rewind >>>

19세기 중반 미국에는
지역마다 다양한 규격의 열차선로가 존재했지만
남북전쟁에서 북군이 승리한 후
동북부지역의 표준인 '영국형'으로 통일되었다

19세기 초 영국은
석탄 운반용 마차선로를
일반도로에 깔아
증기열차의 운행을 시작한다

**마차선로 폭에 맞춰 설계된
열차선로?**

rewind >>>

2,000년 전
유럽을 정복한 로마군은
로마전차 폭에 맞춰
유럽 전역에 도로를 건설한다

모든 길은 로마로 통한다!

말 두 마리가 끄는 로마전차…
이후 유럽의 표준도로는
말 두 마리의 엉덩이 폭에 맞춰
약 4피트 9인치로 설계되었다

말 엉덩이 x 2
≒ 로마도로
≒ 마차선로
≒ 기차선로
≒ 우주로켓

우주왕복선의 추진로켓은
말 두 마리의 엉덩이 폭에 맞춰 설계되었다!

1867년 최초의 수동타자기는
속도를 낼수록 글자가 엉켜
천천히 치도록(비효율적으로?) 자판배열을 설계했다

65년 후
손가락 움직임을 50% 줄여주는
효율적인 자판이 개발되었지만
이미 구형 자판에 익숙해진 사람들은
효율적인 새 자판을 거부했다

● **경로의존성** Path Dependency
한번 경로가 정해지면 그 관성 때문에 다른 방식으로 바꾸기 어려운 현상

"어떤 경로에 의존하기 시작하면
그것이 비효율적이라는 사실이 판명된 후에도
그 길을 벗어나기 힘들다."
경제사학자 **폴 데이비드** Paul A. David

우리는
과거에 지나온 경로와 습관에 의존해
미래의 진로를 결정한다

● **관습주의** mannerism
  항상 틀에 박힌 태도를 취함으로써 신선미와 독창성을 잃는 경향

"그건 원래 그런 거야! 바꿀 필요 없어!
변화의 방해꾼들이 입버릇처럼 하는 말."
문화인류학자 **롤프 브레드니히** Rolf W. Brednich

● 동전의 테두리에 빗금이 새겨진 까닭

금본위Gold Standard System 시대에 유통되던 금화나 은화의 가치는 원칙적으로 동전에 함유되어 있는 금과 은의 질량에 따라 결정되었다. 그런데 유통과정에서 사람들이 금화나 은화를 보이지 않게 조금씩 깎아내기 시작했고, 그 결과 오래 유통된 금화나 은화의 무게는 현저히 줄었음에도 불구하고 여전히 동일한 액면가로 유통되는 문제가 생겨나기 시작했다. 이제 사람들은 새로 주조된 금화와 은화는 자기가 보유한 채 오래되어 무게가 훼손된 금화와 은화만 유통시키는 경향을 보였다. 이를 두고 엘리자베스 1세 시대 영국의 재정고문관 토머스 그레셤Thomas Gresham은 "악화惡貨가 양화良貨를 구축驅逐한다"라고 말했다. 이에 화폐당국은 동전이 조금만 훼손되더라도 금방 표시가 나도록 동전의 앞뒷면에 정교한 부조relief를 새기고 테두리에는 빗금을 넣는 방식으로 화폐의 권위를 회복하고 그레셤의 법칙에 대응하려 하였다.

오늘날에도 거의 모든 나라의 동전은 앞뒷면에 정교한 부소가 새겨져 있고 테두리는 미세한 빗금으로 둘러싸여 있다. 금본위시대가 끝났음에도 불구하고 여전히 주화를 만드는 과정에서 굳이 별도의 수고와 비용을 들여 이러한 공정을 거치는 이유는 무엇일까?

경로의존성Path dependency이란 스탠퍼드 대학의 폴 데이비드 교수와 브라이언 아서 교수가 주장한 개념으로, 한 번 일정한 경로에 의존하기 시작하면 나중에 그 경로가 비효율적이라는 사실을 알고도 여전히 그 경로를 벗어나지 못하는 경향성을 뜻한다. QWERTY자판의 비효율, 한글 두벌식자판의 비효율, 영연방 국가들의 차량 좌측통행의 비효율 등은 모두 경로의존성의 산물들이라고 할 수 있다.

다시, 금본위시대가 끝났음에도 불구하고 여전히 주화를 만드는 과정에서 굳이 별도의 수고와 비용을 들여 이러한 공정을 거치는 이유는 무엇일까? 아마도 당국은 화폐의 전통적 권위와 심미성을 제고하기 위한 필연적인 공정이라고 설명하리라.

인지부조화Cognitive Dissonance란 심리학자 레온 페스팅거Leon Festinger가 주창한 개념으로, 사람들이 자신의 태도(생각)와 행위 사이에 양립할 수 없는 불일치가 있을 때 이러한 부조화를 제거하기 위해 스스로 행위가 아닌 태도를 변화시키려는 경향성을 말한다. 태도는 다른 사람들이 모르지만 행위는 다른 사람들이 알고 있으므로 오히려 수정하기가 어렵기 때문이다.

인지부조화의 대표적인 사례는 종말론에서 찾아볼 수 있다. 종말론자들은 흔히 모년 모월 모일 모시에 세상이 멸망한다고 선언해놓고 집단적으로 모여 구원을 간구하지만, 정작 해당 시점에 아무 일도 일어나지 않으면 기존의 믿음을 수정하는 것이 아니라 오히려 자신들의 성심이 세상을 멸망으로부터 구했다며 기뻐한다. 레온 페스팅거는 말한다.

"인간은 합리적인 존재가 아니라 합리화하는 존재다."

다시, 금본위시대가 끝났음에도 불구하고 여전히 주화를 만드는 과정에서 오히려 더욱 정교하고 복잡한 디자인을 시도하고 있는 이유는 무엇일까?

매몰비용Sunk Cost란 이미 지출되어 회수가 불가능한 비용을 의미하는 경제학 용어로, 현재와 미래의 선택에는 현실적으로 아무런 변수가 될 수 없지만 의사결정 과정에서 비합리적인 선택을 유도하는 심리적인 경제요소를 말한다. 한마디로 '본전생각'이다.

한겨레신문의 곽정수 대기업전문기자는, 이명박 대통령의 현대건설 26년 사장 경력과 청계천 복원공사 등의 특별한 경험이 토목경제에 대한 과도한 집중과 철저한 중앙집권식 리더십이라는 경로의존성을 잉태했다고 지적했다.

경인운하 사업성 판단과 관련하여 사업비 내역이 의도적으로 축소되었다는 일부의 주장에 대해 2009년 2월 8일 한국개발연구원(KDI) 측이 "경인운하의 사업비 산정에 있어 민자사업자인 경인운하(주)에 이미 지불한 396억 원을 매몰비용으로 간주하여 사업비에는 포함하지 않았다"

고 해명하자, 일부 시민단체들은 "정부가 경인운하 사업자에게 지불한 비용과 그동안 들어간 굴포천 방수로 공사비를 합쳐 비용으로 볼 경우 경인운하 사업은 사실상 경제성이 없는 것으로 판명난다"고 반박하며 '매몰비용' 개념의 악용가능성을 제기했다.

정태인 성공회대 겸임교수는, 금융규제의 완화와 파생상품의 범람이 현재의 심각한 금융위기를 불러온 것이 판명났음에도 자본시장통합법으로 금융시장을 활성화시키려는 것 그리고 국제통화기금(IMF)이 2009년 대한민국의 성장률을 –4%로 예측한 데 비해 수출확대를 근거로 +4.2% 성장을 예고한 것 등 현재 이명박 정부는 "우기고 또 우기는" 인지부조화의 '부인' 단계를 지나 "이젠 모두 틀렸으니 괜찮다"는 인지부조화의 '합리화' 단계에 빠져 있다고 지적했다.

• M$ Windogs Exploder를 저주하는 Firefoxer들

가장 익숙한 것이 가장 효율적인 것은 아니다. 그러나 이미 익숙해진 것은 항상 가장 효율적인 것으로 인정받는다. 효율적일지언정 새로운 것을 배우는 데 투자해야 하는 수고와 두려움에 비해 비효율적일지언정 익숙한 것이 마음에 편하기 때문이다. 그래서 시장에는 **선점효과**라는 것이 존재한다. 이미 시장을 장악한 상품들은 같은 기능이되 훨씬 효율적인 상품이 새롭게 출시된다 하더라도 쉽사리 점유율을 허락하지 않는다. 이는 단순히 제품의 효율성과 기능뿐 아니라 시장에 대한 상품생산자들의 태도가 중요한 것임을 보여주고 있다.

1980년대 초반 비디오기기 시장이 막 활성화될 시점에 시장에 동시에 등장했던 두 가지 방식이 있었다. VHS방식과 Beta방식이다. 지금은 DVD라는 고용량 디지털 미디어에 의해 시장에서 거의 퇴출되었지만 당시 비디오 시장을 장악한 것은 VHS방식이었다. 마츠시타-JVC-빅터 진영의 VHS방식과 소니의 Beta방식이 가정용 VTR기기의 업계표준 자리를 두고 치열한 경쟁을 벌이다가 결국 VHS진영이 승리한 것이다. 소니의

선점효과

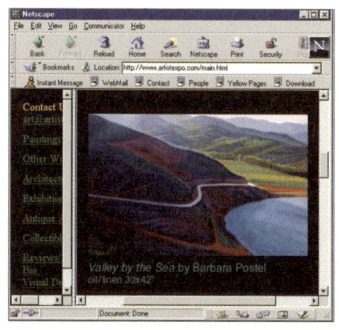

Beta방식 비디오는 화질을 비롯해서 기술적으로 훨씬 우수했음에도 불구하고 폐쇄적인 경영방침으로 인해 VHS가 시장을 장악하는 것을 그저 지켜봐야만 했다.

마이크로소프트-IBM 진영이 맥킨토시 진영을 제치고 전 세계 범용PC의 표준이 된 과정도 이와 비슷하다. 마우스 포인팅을 기본으로 한 아이콘 환경인 그래픽유저인터페이스GUI를 가장 먼저 시도했던 맥킨토시 OS는 그 독자성과 기술력을 믿고 시장에 폐쇄적인 태도를 취함으로써 마이크로소프트-IBM 진영에 시장을 내어주고 말았다.

본격적인 IT시대가 도래하면서 무엇보다 드라마틱한 상황을 연출하면서도 자본주의시장의 단면을 잘 보여준 것은 웹브라우저 시장의 부침이었다. 요즘 인터넷 유서들에게 '웹브라우저'는 곧 MS사의 Explorer다. 하지만 1990년대 중반까지만 하더라도 웹브라우저의 대명사는 단연 Netscape사의 Navigator였다. 차분한 녹색바탕에 등대 로고가 반짝이던 초기 Navigator는 WWW서비스 초기 웹브라우저 시장 점유율 85%를 자랑했다. Navigator는 최초의 웹브라우저인 Mosaic의 핵심기술을 개발한 뛰어난 개발자 마크 앤드레센Marc Andreessen이 직접 만든 작품이었다. 애초 일리노이 대학 연구소에서 일하던 그는 회사를 차리고 1994년 10월 첫 제품을 출시하면서 한동안 승승장구했다. 그러나 문제는 IT업계의 공룡 MS였다. 윈도우즈95를 발표하면서부터 Mosaic의 라이센스를 획득한 MS사는 Explorer를 무료로 윈도우즈에 제공하기 시작했다 (이후 MS사는 '끼워팔기'라는 논란에 휩싸이며 반복적으로 반독점 소송에 휘말렸다.) 기능적으로 훨씬 우월했던 Netscape사의 Navigator는 MS사의 무료제공 전략을 제법 이겨내는 듯 보였다. 그러나 1995년 이후 본격적인 인터넷 시대가 열리자 MS사의 빌 게이츠William H. Gates는 막대한 자본을 투입하며 개발인력을 늘이고 무료정책을 한층 강화하기 시작한다. 1996년 Netscape사의 총매출은 3억 달러, MS사는 80억 달러였고, Netscape사의 직원은 1,000명, MS사의 직원은 2만 명이었다. 게다가 Netscape사는 웹브라우저만으로 이윤을 창출해야 했기 때문에 유료 버전과 무료버전을 나누어 배포하는 등 복잡한 판매전략을 구사해야 했는데 반해 OS에 기반한 다양한 수익선을 보유하고 있던 MS사는 무료정책으로 일관하며 익스플로러의 기능을 강화해나갔다. 이윽고 두 회사는 몇 차례의 법정싸움을 거칠 정도로 격렬한 경쟁을 벌였으나 Explorer의 점유율은 더욱 높아져만 갔다. 결국 Netscape사의 Navigator는 2007년 버전9의 발표 이후 0.60%라는 초라한 점유율을 그림자로 남긴 채 시장에서 퇴출되기에 이른다. Mosaic의 전통을 이어받은 새로운 웹브라우저 Firefox가 MS 천하에서 고군분투하는 갸륵한 모습을 바라보며 심정적으로 지지하는 것만이 Netscape사가 할 수 있는 마지막 역할이었다.

VHS vs Beta 그리고 Navigator vs Explorer의 역사는 상품시장에서 익숙함과 기능적 우월함 그리고 선점효과까지 가지고 있는 상품을 몰아내는 또 하나의 거대한 힘이 있음을 보여준다. 시장의 경로의존성이 견고한 만큼 그것을 극복할 수 있는 기업들만이 새로운 경로를 만들 수 있다. 탁월한 마켓리더들은 기능적·효율적·시기적 단점들에도 불구하고 전방위적으로 시장을 수정하여 소비자들에게 새로운 익숙함을 강제하기도 한다. 보수가 진보에 의해 퇴출되고, 새로 득세한 진보가 보수화되어 또 다른 진보의 도전을 기다리게 되는 사이클이다. 한때의 진보가 필연적으로 보수화되는 경향을 '혁명경화증'이라고 한다.

● '옳은 보수'와 '나쁜 진보'의 가능성

관습적인 어떤 것을 굳게 지키고 변화하기를 두려워하는 태도를 흔히 **보수주의**conservatism라고 한다. 반면에 늘 무언가 새로운 것을 원하고 기꺼이 변화를 추구하는 태도를 **진보주의**progressivism라고 한다. 위에서 예로 든 웹브라우저 시장을 예로 든다면, 사실 Netscape사는 보수에 가깝고

MS사가 진보적이라고 할 수 있다.

진보와 보수는 꼭 정치적인 영역에서만 쓰이는 말이 아니다. 공정하게 말할 때, 진보와 보수라는 말 자체에는 가치가 존재하지 않는다. 관습적인 것을 지키려 한다고 해서 그것을 '나쁜 것'이라고 부르기도 어렵다. 반대로 변화를 추구하는 모든 것이 '좋은 것'이라고 말하는 것도 위험하다. 다만 자본주의가 고도화된 사회의 시장경제체제에서 변화는 생존에 필수적인 것이다. Netscape사의 경우 MS사와 다름없이 이윤추구를 목적으로 하는 회사였고 상업적인 전략을 구사하는 회사였으나 그 기술적인 진보성과 우월성에도 불구하고 시장에서 퇴출되고 말았다.

사실 Netscape사의 Navigator는 오늘날 시장독점적 지위를 가지고 있는 MS를 M$로, Windows를 Windogs로, Explorer를 Exploder라고 부르며 미워하는 사용자들로부터 오랫동안 '유배된 영웅'의 대접을 받아왔다. 하지만 Netscape사의 모든 것이 가치판단의 측면에서 옳고 좋은 것인가에 대해서는 논란이 있을 수 있다. MS사의 독점적 지위를 이용한 시장상악에 대한 비판은 실득력을 잃을 수 있지만, 그것에 대응했던 Netscape사의 방식 역시 사용자중심의 사고에서 벗어난 부분이 많았다는 점을 인정해야 할 것이다. 자신이 시장에서 강자였던 시기에 기술적 진보성과 사용자중심성을 놓치지 않고 MS를 견제할 수 있는 기회를 경영방침의 혼란으로 놓쳐버린 측면도 있다.

정치적·문화적 세대갈등의 골이 깊은 한국적 상황에서 진보와 보수는 곧 좋은 것과 나쁜 것, 새로운 것과 낡은 것이라는 가치적인 개념으로 등치되는 경향이 있다. 태도attitude 내부의 다양하고 역동적인 갈등관계와 디테일의 맥락을 놓치는 경우가 많다는 뜻이다. 2009년 2월 큰 논란이 된 '민주노총 성폭력 파문'은 그 단적인 예라고 할 수 있다. 익숙한 것에 대해 의심하는 것은 당연한 일이고, 이는 발전을 위하여 필수적인 과정이라 할 수 있다. 그러나 현대사회의 복잡한 역학관계에 비춰볼 때 성급한 개념화와 도식화는 진실 혹은 가치판단을 흐려놓을 수도 있다. 보수라는 타자를 끊임없이 공격함으로써만 존재할 수 있는 고착된 진보는 보수다.

04
블랙독

윈스턴 처칠과
평생 그를 따라다닌
검둥이 한 마리

블랙독Black Dog이 나타나면
나른하다
슬프다
희망이 없다
살 가치가 없다

1308년 프랑스에서 공인된
블랙독의 정식 이름

Depression

● 우울장애
슬픔, 정신운동 저하, 의욕상실 등을 특징으로 하는 기분이나 감정상태

"오늘날 성인 100명 중 3명이
평생 한 번 이상의 우울증을 경험하고 있다.
2020년에는 우울증이 심장질환 다음으로
위협적인 질병이 될 것이다."
세계보건기구

지난 4년간 대한민국의 우울증 환자 수는
전체 인구의 1.1%

39만 5,000여 명 ⇒ 52만 5,000여 명

"우울증이 의심되는 국민 두 명 중 한 명은
치료를 전혀 받지 않고 있다."
대한 우울조울병학회

정신과 진료를 받게 되면
아무리 가벼운 정신질환도
국제실병분뮤기호에 따라
진단서에 'F'로 시작되는 병명이 기록되고
일단 F코드로 분류되면
취업, 승진, 보험가입 등에서 불이익을 받는다

그러나
우울증은 '마음의 병'이 아니라
조기치료 시 완치율이 70~90%에 이르는
'뇌의 질환'일 뿐이다

* 현재까지 밝혀진 우울증의 원인은 유전적 요인, 뇌신경전달물질의 이상이나 호르몬 이상 등 신경전달물질의 불균형 등이다.

인류의 역사와 함께해온
우울증…

그러나
임상심리학자들에 의해 새롭게 밝혀지는
우울증의 긍정적 힘!

"우울증은
당신이 길을 벗어났으니
방향을 바꿀 필요가 있음을
경고해주는 신호다.
삶의 방향을 재정립해 해결책을 찾게 해주는
일종의 선물인 것이다."

심리학자 **라라 호노스 웹**

깜깜하고 밀폐된 고치 속으로 들어가는
애벌레의 모습을 보면서
정원사는
나비를 기다린다

● 죽지들 말고 약 먹읍시다

우울증의 별칭은 Black Dog이지만, 사실 서양문화권에서 우울함을 상징하는 전통적인 색깔은 Blue(푸른색)다. "I'm blue"는 "난 우울하다"라는 뜻이며, Gray(회색) 역시 우울하다는 의미를 갖고 있다. gray, gloomy, dark는 모두 어둡고 칙칙하다는 의미와 함께 우울하다는 뜻을 갖고 있다.

그 외에도 영어로 '우울'을 의미하는 단어는 꽤 많다. heavy, melancholy, depressed는 모두 우울한 기분을 표현하는 단어들이다. 하나의 사물이나 상태를 표현하는 어휘가 매우 다양하다고 자부하는 한국어만큼이나 우울한 심리상태를 표현하는 영어표현이 다양하다는 것은 의외다.

'우울함'은 특정한 감정상태를 지칭하지만, '우울증'은 우울장애depressive disorder라는 공식명칭을 갖고 있는 매우 심각한 정신질환 중 하나다. 발병원인도 환경적인 요인뿐 아니라 뇌생리학적 요인과 유전적 요인 등으로 다양하다.

핵심 증상으로는 만성적인 우울감, 삶에 대한 흥미 및 관심 상실, 자살시도(사고) 등이 있다. 의욕상실로 인해 학교생활이나 직장생활에서도 동기 획득에 취약하고 성과수행 과정에서 크고 작은 장애를 노출한다. 또한 우울증 환자 중 많은 수가 수면장애와 식욕 감소, 체중 저하 등을 경험하기도 한다. 반대로 식욕 증가와 체중 증가, 수면 증가 등의 증상을 보이는 경우도 있다고 한다. 피해망상이나 불안증, 인지기능 저하 등도 우울증의 징후다. 간혹 뚜렷한 원인을 추적할 수 없는 신체적 증상을 호소하는 환자들도 있는 것으로 보고되고 있다.

이렇듯 현저한 증상에도 불구하고 정작 우울증 환자 자신은 자신이 우울증이라는 것을 인지하지 못하고, 따라서 주변인이나 전문가에게 자신의 고통을 호소하려는 생각조차 하지 않는 경향이 있다. 알코올이나 정

depressive disorder

확한 진단 없이 자의로 시중에서 구입하는 수면제, 신경안정제 등에 의존하는 것은 병증을 더욱 악화시킬 수 있으므로 절대 삼가야 한다는 것이 전문가들의 조언이다.

우울증 환자의 2/3가 자살을 생각하고 10~15%가 실제로 자살을 시행한다. 또한 일반적인 통계에 따르면, 자살의 직접적인 원인 중 거의 60%가 우울증이라고 한다. 물론 우울증을 유발한 현실적인 이유들은 다양하겠지만, 직접적으로 자살을 유도한 것은 우울증이 대부분이라는 얘기다.

그럼에도 불구하고 동양문화권에서는 전통적으로 우울증을 정신질환으로 보지 않으려는 경향이 있다. 이는 점차 복잡화·속도화·경쟁화되고 있는 현대사회의 추이에 비추어 매우 위험한 사고방식이라 할 수 있다. 영어에 비해 우울한 기분을 표현하는 단어가 한국어에 그리 다양하지 않은 것도 이러한 사회적 나태를 방증하는 것일지 모른다.

2008년 한국에서는 유명연예인들의 연쇄적인 자살사건과 관련하여 우울증이 다시 한 번 세간의 조명을 받았다. 그러나 우울증에 대한 근본적인 문제의식보다는 선정적인 인터넷 악플과 '사이버 모욕죄' 등의 키워드들이 담론을 점령하는 바람에 논의는 더 이상 진척되지 않았다.

2008년 국정감사에서 민주당 백재현 의원은 한국정부의 자살통계가 전혀 체계적이지 않으며 부정확하다고 비판했다. 백 의원의 보고에 따르면, 한국의 경우 자살통계를 내는 두 기관의 통계 상 차이는 엄청나다. 경찰 추산으로는 2000년 통계청이 발표한 6,460명보다 무려 5,334명이나 많은 1만1,794명이 자살했고, 2001년에는 통계청이 발표한 6,933명보다 무려 5,344명이나 많은 1만2,277명이 자살했다. 백 의원은 이미 1998년 한국의 자살율이 OECD 국가들 중 1위 수준이라고 주장했다.

단편적이긴 하지만 이러한 보고는 우울증에 몹시 취약한 한국사회의 고질적인 문제점을 지적하고 있다. 최소한 자살의 50% 이상이 우울증에 기인한다면, 한국에서만 한 해 평균 6,000명 이상이 우울증으로 자살한다는 결론이 도출된다. 이런 추정치는 2007년 한 해 교통사고 사망자 6,166명과 비슷한 수치다. 그럼에도 불구하고 교통사고를 줄이기 위해 투자되는 국가적 차원의 대책 및 캠페인에 비해 우울증과 자살에 대한 대책과 대안은 거의 전무한 실정이다.

최근 한국의 경우 '입시지옥'이라는 현실과 청소년 자살율의 증가, 가족해체와 주부 자살율의 증가 추이가 심각한 수준이라고 한다. 자살시도자의 14%는 다시 자살을 시도하며, 청소년의 경우 24%로 그 비율이 훨씬 높다는 통계도 있다.

● 미 정신의학회 American Psychiatric Association 우울증 진단 기준

다음의 증상 중 5가지 이상이 동일한 시기에 2주간 지속적으로 나타났고, 예전과 기능 차이를 나타내면 우울증으로 의심할 필요가 있으며 전문가와의 상담이 필요하다.

① 거의 하루종일 우울증을 보임: 주관적 설명(예: 슬프거나 공허함)이나 타인에 의한 관찰(예: 눈물을 글썽임)에 의해 거의 매일 하루종일 우울한 기분이다.

② 주관적 설명 또는 타인에 의한 관찰로 거의 매일 하루 대부분의 활동에서 흥미가 현저하게 감소되고 있다.

③ 식이조절을 하지 않는데도 불구하고 체중 감소 또는 증가가 나타난다. (예: 1개월에 체중의 5% 이상 변화) 또는 거의 매일 식욕의 감소 또는 증가 현상이 나타난다.

④ 거의 매일 불면 또는 과수면 증상이 나타난다.

⑤ 거의 매일 정신적 흥분 또는 지체 증상이 나타난다. (단순히 안절부절 못한다거나 멍해진다는 주관적 느낌뿐 아니라 타인에 의해서도 관찰이 가능한 상태)

⑥ 거의 매일 피로감을 느끼거나 에너지 상실이 나타난다.

⑦ 거의 매일 단순한 자기비난, 무가치감 또는 과도하고 부적절한 죄책감을 느낀다. (망상적일 수도 있음)

⑧ 거의 매일 사고와 집중력의 감소, 결정곤란을 겪는다. (주관적 설명

또는 타인에 의한 관찰)
⑨ 죽음에 대한 반복적인 생각(죽음에 대한 공포가 아님)을 하거나 구체적 계획이 없는 반복적인 자살 사고 또는 시도를 하고, 자살을 자행하려는 구체적 계획을 세운다.

● 젊은 베르테르가 도대체 무슨 죄?

괴테Johann Wolfgang von Goethe가 1774년 발표한 소설 『젊은 베르테르의 슬픔Die Leiden des jungen Werthers』은 주인공 베르테르가 다른 사람의 약혼녀 로테를 사랑하여 결국 권총자살을 하는 내용을 담고 있다. 괴테를 순식간에 전 유럽에 알린 이 소설은 18세기 당시에도 5개국어로 번역될 만큼 선풍적인 인기를 끌었다. 그리고 유럽 곳곳에서는 베르테르를 모방한 자살이 유행처럼 번지기 시작한다. 노란 조끼와 바지, 파란 프록코트와 둥근 펠트 모자까지 똑같이 차려입고 권총자살을 하는 젊은이들이 우후죽순 생겨나기 시작한 것이다. 이 작품을 읽고 베르테르의 자살을 모방하여 자살한 사람은 지금까지 전 세계 2,000여 명 정도로 추산된다. 당대의 인습 체제와 귀족사회의 통념에 반항하는 젊은 지식인의 우울증과 열정을 그렸던 이 소설은 뜻하지 않게 우울증을 전염시키고 자살을 전파한다는 오명을 얻게 되었다.

그로부터 200년 후인 1974년, 미국의 사회학자 데이비드 필립스David Phillips는 어떤 개인이 모델로 삼던 인물 또는 사회적으로 영향력 있는 유명인이 자살한 경우 그 사람과 자신을 동일시해서 자살을 시도하는 현상을 베르테르 효과Werther Effect라고 명명했다. 이러한 경향성을 공식적으로는 동조자살copycat suicide 또는 모방자살이라고 한다.

05

한 장의 지도

오랫동안
세상의 중심이었던
거대한 나라들

구면인 지구를
평면 위에 펼쳐놓는 것은
불가능하다

그래서
생략되거나
과장되어
평면 위로 옮겨진
지구 위의 수많은 땅들

1569년
네덜란드의 메르카토르Mercator는
역사상 최초로
세계지도를 만들었다

이 지도를 열렬히 환영하며
새로운 땅을 찾아 대양으로 나가는 항해사들…
그리고
정복자들…

지도의 가장 큰 용도는
항해의 '방향'을 가리키는 것!
나머지 정보들은 그리 중요하지 않았다

지도의 '주요고객'을 위해
갈수록 거대하게 그려지는
유럽과 북미는
그래서 지도의 중심부를 차지한다

메르카토르 지도에 익숙해진 사람들에게는

유럽과 북미가 세계의 중심이다

그런데…

"어째서 유럽은 늘 위쪽에
아프리카는 아래쪽에 위치해 있을까?"

"어째서 세계지도의 중심은 항상 같을까?"

"아프리카가 유럽보다 작다는 게 사실인가?"

새롭게 등장한
낯선 세계지도 한 장

"백인우월주의에 근거한 과거의 세계지도와 달리
부유한 나라와 가난한 나라 사이에 존재하는
깊은 거리를 이해하는 데 도움이 되는
지도를 그리고자 했다."
역사학자 **아르노 페터스** Arno Peters

유럽과 북미에 비해
극단적으로 길게 그려진 아프리카
처음으로 지도 위에서 강조된
제3세계

"지도는
객관적인 기하학적 도식이 아니라
제작자의 의도와 관점을 투영하는
정치적 도구다."

정치학자 **아서 제이 클링호퍼** Arthur Jay Klinghoffer

* 현재 남아프리카공화국의 지도에는 수많은 흑인거주지들이 생략되어 있다

● 길어도 할 수 없는 '아프리칸 아메리칸'

정치적 올바름 Political Correctness이란 협의로 "말의 표현이나 용어의 사용에서 인종·민족·종교·성차별 등의 편견이 포함되지 않도록 한다"는 뜻을 갖는다. 1980년대 중반부터 다민족국가인 미국을 중심으로 "정치적(Political)인 측면에서 차별·편견을 없애는 것이 올바르다(Correct)"라는 의미에서 쓰이게 된 용어다. 이후 점점 더 그 개념의 적절성과 설득력을 인정받으면서 사회문화 전반에 걸쳐 표현과 행위 일체에 대한 일종의 가치수사axiological rhetoric로 전 세계에 확산되었다.

전통적으로 영어권에서는 남자 호칭 Mr와 달리 여성 호칭은 기혼과 미혼을 구분하여 Miss, Mrs로 쓰여왔다. 이를 Ms(미즈)로 통일하여 쓰자는 주장도 정치적 올바름의 경향으로 설명된다. 미술계에서는 인종차별을 정정한다며 흑인 예수상이 등장하는 한편, 고전동화들의 편견적인 서사를 완전히 다시쓰는 작업도 활발하게 진행되었다. 예컨대 계모에 대한 선입관이나 왕자에게 의존하는 수동적 여성성 등에 대해 페미니즘적 시각으로 다시쓰는 〈신데렐라〉 등이 유행하기도 했다. 이런 경향은 한국도 예외가 아니어서 1990년대 후반부터 '장애인인가, 장애우인가' '동성연애자인가, 동성애자인가' '매춘인가, 매매춘인가' 따위의 논의가 진행되기도 했다.

정치적 올바름 경향이 태동한 미국에서는 오늘날 흑인을 'black'이나 'negro' 따위의 단어로 표현하는 것이 금기시되고 'African American'이라는 용어가 정식으로 사용될 정도로 정치적 올바름이 일상화되어 있다. 그것도 과도기적 형태였던 'Afro-American'이라는 표현이 상대적으로 'American'에 비중이 실려 있다는 논란이 대두되면서 정리된 결과다. 한국사회에서는 오랫동안 아프리카 원주민들을 토인土人으로 통칭하기도 했다.

이러한 경향이 아예 지배적인 담론으로 확산되면서 현실과 유리된 이상주의적 언어들에 대한 강박적 사용이 부자연스럽게 증가함에 따라 이에 대한 반발로 '반反정치적 올바름Anti Political Correctness 운동'이 생겨나기

Political Correctness

도 했다. 현상적으로 사실인 것을 사실 그대로 표현하는 것조차 통제하는 정치적 올바름은 올바르지 못한 도그마라는 것이다.

● 존재가 의식을 규정한다? 언어가 의식을 규정한다!

원래 정치적 올바름이라는 문화정치적 경향은, 언어의 문법구조가 그 언어를 구사하는 인간의 사고에 영향을 준다는 **사피어-워프 가설**에서 출발하였다. 이 가설을 단적으로 정리하면, 성차별적인 어휘를 쓰면 성차별주의자가 된다는 주장이다.

미국의 언어학자이자 인류학자인 에드워드 사피어Edward Sapir는 이렇게 말했다.

"인간이 체질적으로 현실에 순응한다고 생각하는 것은 완전한 환상이다. 현실세계의 대부분은 우리가 소속된 사회집단의 언어습관에 의해 무의식중에 구성된다. 비교적 단순한 감각행위조차도 우리가 상상하는 것 이상으로 '말'이라는 사회적 기제에 의해 좌우된다."

사피어의 제자 워프Benjamin Lee Whorf는 사피어의 생각을 발전시켜 더욱 대담한 가설을 세웠고, 이것은 이후 많은 사회언어학자들에게 영향을 끼쳤다. 워프가 논증을 위해 사용한 유명한 예는 에스키모 어의 눈(snow)에 관한 것이다. 에스키모 어에서는 눈(snow)을 '내리는 눈(falling snow)' '바람에 휩쓸려온 눈(wind-driven snow)' '녹기 시작한 눈(slushy snow)' '땅 위에 있는 눈(snow on the ground)' '단단하게 뭉쳐진 눈(hard-packed snow)' 등으로 다양하게 표현하는데, 이는 에스키모들이 눈을 이처럼 다양한 방식으로 인식하기 때문이라는 것이다. 반면 영어에서는 '눈(snow)'이라는 한 가지 표현밖에 없다.

워프는 이와 같은 '어휘적 차이'뿐 아니라 '문법적 차이'가 각 집단에 더 큰 영향을 미친다는 것을 입증하고자 하였다. 그는 영어, 불어, 독일어 등 인도유럽어와 호피Hopi 인디언 언어의 문법구조를 대조해보았는데, 그 결과 SAE standard Average European의 범주들은 화자들에게 시간과 공간을 향한 '고정된 방향'을 주는 반면 호피 어의 문법범주는 세계에 대한 '과정 방향'을 제공해준다는 것을 발견했다.

이러한 연구는 서구문명의 직선적이고 목적지향적인 가치에 반발하여 삶의 현재적 의미와 과정에 의미를 두려는 오늘날의 대안생활운동과도 일맥상통하는 바 있다. 실제로 아메리칸 인디언들의 삶과 철학을 다룬 많은 책들은 이들 생활운동가들에게 의미심장한 지침이 되고 있다.

한편, 어떤 종류의 언어를 쓰느냐가 인간의 사고에 절대적인 영향을 준다고 주장하는 사피어-워프의 '언어결정론Linguistic Determination'은 나중에 언어와 사고가 서로 상호작용한다는 '언어상대론Linguistic Relativity'으로 한 발 물러섰다.

워프가 논증에 사용했던 '에스키모Eskimo'는 '날고기를 먹는 사람'이란 뜻의 캐나다 원주민어에서 파생된 단어다. 이를 정치적으로 올바르게 표현하려면 '이누이트Innuit, Inuit'라는 단어를 써야 한다. 이누이트는 그들이 스스로를 부르는 재귀적 단어로 '사람'이란 뜻이다.

● 서양의 오랜 패권에 돌을 던진 은발의 지식인

에드워드 사이드Edward W. Said는 **오리엔탈리즘Orientalism**이란 용어를 재정의하며 '서양이 동양을 지배하고 재구성하고 억압하기 위해 발명한 서양의 사고방식'이라고 설명했다. 그는 세계에 수많은 문화가 존재함에도 불구하고 서구인들이 이를 '동양Orient'이란 단어로 통칭한다는 점 또한 지적했다. 에드워드 사이드는 동양이 서양의 정체성을 확립해주는 대상으로 타자화되었으며, '열등한 동양'이 '우월한 서양'이라는 의식으로 표출되었다고 주장했다. 이외에도 많은 서양인들은 동양인들이 열등하고 무능하고 게으르다고 생각하며, 자신들보다 두뇌나 신체적인 면에서 열등하다고 생각한다고 주장했다. 오리엔탈리즘이 쇠퇴하고 비참한 동양을 식민지화함으로써 동양을 '구출'해주었다는 식으로 자신들의 식민지 지배 전략을 정당화하는 데 이용된다는 비판이다. 일본과 일부 한국의

우익들이 주장하는 '식민지근대화론'을 연상시키는 대목이다.

에드워드 사이드는 예루살렘에서 태어나, 이집트에서 어린 시절을 보냈다. 이후 미국으로 이주하여 프린스턴 대학과 하버드 대학에서 학위를 받고 1963년부터 콜롬비아 대학의 영문학과와 비교문학과에서 교수로 재직했다. 오리엔탈리즘이라는 거대한 담론체계에 근거하고 있는 그의 저작들은 문학, 지리학, 사회학, 역사학 등 전 지식영역에서 동양은 감성적이고 열등한 '그들'로 그려지고 서구는 이성적이고 우월한 '우리'로 표현되는 허구적 이분법을 논파했다.

에드워드 사이드는 서구세계의 오리엔탈리즘, 즉 문화적 타자에 대한 무지와 왜곡이 팔레스타인과 중동 문제를 더욱 심화시키고 있다고 비판하기도 했다. 2000년에는 이스라엘의 무력사용에 반대하여 직접 레바논 국경에서 이스라엘 초소에 돌을 던지는 항위시위에 참가해 전 세계 지식인사회에 일대 파문을 일으키기도 했다. 2003년 9월 25일 지병인 백혈병으로 사망하였다.

• 오리엔탈리즘과 식민주의에 대항하는 세계지도들

네덜란드의 지리학자 메르카토르가 고안한 메르카토르 도법圖法, Mercator's projection은 항해에 있어 각도 계산이 용이하다는 이유로 전 세계에 급격히 보급되었다. 즉, 경선과 위선을 직선으로 배열하여 직교시키는 방법으로 세계 각 지역의 명확한 좌표 및 각도를 나타낼 수 있게 된 것이다. 이로써 대항해시대의 항해자들은 나침반과 지도만으로 지구상의 어디로든 여행할 수 있었다. 구형인 지구를 평면상의 2차원으로 옮긴 것이므로 많은 왜곡이 존재하지만 한 번 익숙해진 것은 쉽게 바뀌지 않는다는 경로의존성에 따라 오늘날까지도 많은 지도가 메르카토르 도법을 따르고 있다.

메르카토르 도법의 한계를 보완하기 위해 고안된 **페터스 도법**Peters projection 역시 3차원의 지구를 2차원에 옮겨놓은 것이므로 극지방이 축소되는 등 불가피한 왜곡을 완전히 극복하지는 못했다. 하지만 대륙 간의 면적이 비교적 균형을 이루고 있기 때문에 현재 세계교회협의회WCC, 유엔교육과학문화기구UNESCO, 유엔아동기금UNICEF 등이 공식지도로 채택하고 있다.

애초에 페터스 지도는 유럽을 중심에 놓고 극지방의 면적을 왜곡한 메르카토르 지도의 실용적 한계를 보완하기 위해 고안된 것이다. 이러한 실용적인 동기 이외에 아르노 페터스의 지도가 '오리엔탈리즘을 극복하고자 정치적 올바름을 추구한 결과'라는 주장에 대해서는 다소 이견의 여지가 있을 수 있다. 다만 페터스가 다음과 같이 말한 것은 분명하다.

"전통적인 지리학적 개념들은 새로운 가면을 쓰고 착취를 계속하려는 유럽 식민주의 국가들의 시도였다. 나의 접근방법은 이러한 유럽중심주의에 대항해 자라나고 있는 전 세계적 유대감의 표현이다. 백인우월주의와 외국인 혐오에 근거한 과거의 세계지도와 달리 나의 지도는 부유하고 가난한 사람들과 국가들 사이에 존재하는 깊은 심연을 이해하는 데 도움이 될 수 있다."

메르카토르 도법 상에서는 특히 고위도로 갈수록 왜곡이 심해지는데, 한때 미국에서는 구 소련이 지나치게 커보인다는 이유로 고위도 지역의 위선간격을 조정한 밀러Miller 도법을 사용했지만 결국 '국민의 경계심'을 위해 다시 메르카토르 도법으로 회귀한 바 있다.

미국 러트거스 대학의 정치학 교수 아서 제이 클링호퍼는 저서 『지도와 권력』에서 1979년 세계지도를 '거꾸로' 그린 스튜어트 맥아더의 사례를 소개하면서, 지구가 '위아래' 없는 우주 속의 행성임에도 항상 유럽이 상단에, 아프리카가 하단에 그려지는 현대의 지도체계에 의문을 제기했다. 1979년 오스트레일리아에서 출판된 스튜어트 맥아더Stuart McAther의 수정본 세계지도(Universal Corrective Map if the World)는 오스트레일리아의 캔버라Canberra를 중심으로 자오선을 배치하고 기존의 지도와는

Peters projection

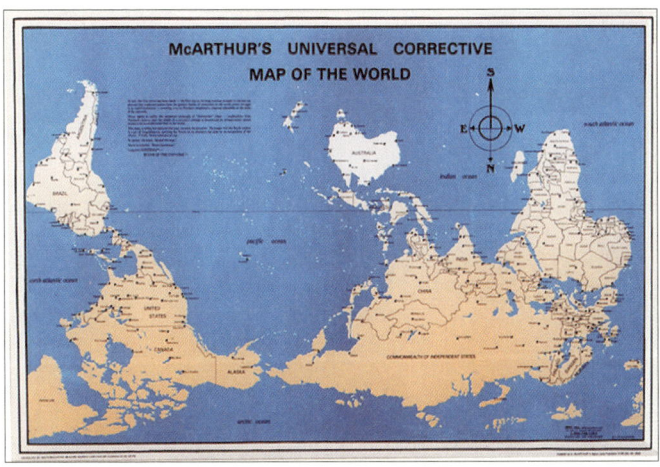

반대로 유럽을 우하단에, 미국을 좌하단에 위치시켰다. 스튜어트 맥아더는 이 지도에 "세계 권력투쟁의 암울한 무명의 심연으로부터 호주를 부각시키기 위한 지도"라는 주석을 붙이며 이렇게 외쳤다.
"남반구는 더 이상 노고도 인정받지 못하고서 북반구를 어깨에 짊어진 채 비천함의 구덩이에서 허우적거리지 않을 것이다. 이제 남반구가 부상한다. 호주 만세, 세계의 지배자여!"
아서 제이 클링호퍼에 의하면, 지도의 '방위'는 자의적이며, 지도의 디자인은 문화적 전통에 의해 정해진다. 그가 지리학을 전공하는(!) 전 세계 22개 지역의 학생들을 대상으로 조사한 바에 따르면, 모든 학생이 유럽의 크기를 과장되게 그렸으며 20개 지역의 학생들이 아프리카를 작게 그렸다. 심지어 아프리카 지역 학생들 중 80%도 아프리카를 작게 그렸다고 한다.
아서 제이 클링호퍼는 말한다.
"지도는 세계의 역사와 정치를 묘사하는 데 필수적이지만 단지 그것의 반영에 불과하다. 모든 사람들이 동의하는 객관적인 지리학은 없다."

06
90%를 위한 디자인

인간의 모든 행동이 곧 디자인이다

제품의 기본수명

자전거 : **25년**
자동차 : **11년**
농기구 : **17년**

실제 사용기간

자전거 : **2년**
자동차 : **2.2년**
농기구 : **10년**

(1970년대 초 미국 기준)

외관만 변형시켜
시장에 나오는
새로운 이미지의 상품들…

일정 기간이 지나면
제품의 성능과 무관하게
버려진다

"사물을 그저 아름답게 만드는 것에
모든 노력을 기울이는 건
인류에 대한 죄악이다!"

단지 라디오가 없어
화산폭발 때마다 치명적인 피해를 입는
인도네시아의 가난한 사람들을 위해
디자이너 빅터 파파넥 Victor Papanek 은
9센트짜리 새로운 라디오를 개발한다

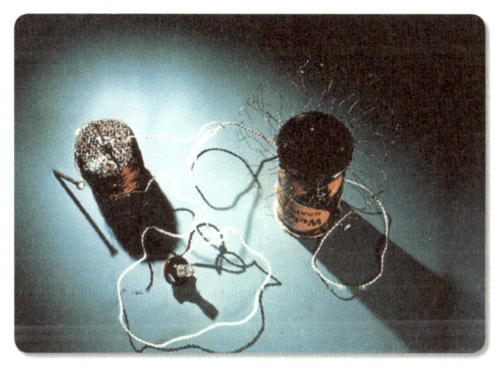

주재료는
관광객들이 버리고 간 깡통쓰레기
동력원은 왁스, 종이, 쇠똥…
연소될 수 있는 모든 것들!

그리고 빅터 파파넥은
가난한 사람들에게 새로운 '임무'를 부여한다

"취향에 따라
헝겊, 조개껍데기로 직접 디자인해보세요!"

식수를 얻기 위해 매일 수 킬로미터를 걷는
아프리카 주민들을 위해
디자이너 한스 헨드릭스Hans Hendricks가 개발한 큐드럼Q Drum은
한 번에 75리터의 물을 손쉽게 운반할 수 있다

디자이너
모하메드 바아바Mohamed Baaba는
냉장고가 없는
저개발국가 주민들을 위해
항아리, 모래, 물만 이용한
음식물 보관장비pot in pot를 개발한다

오염된 물은 각종 전염병의 원천!
베스터가르드 프란센Vestergaard Frandsen 그룹은
휴대용 정수기 라이프스트로LifeStraw를 개발한다

"지금까지의 디자인은
상위 10% 사람들만을 위한 것이었다."

빈곤층…
저개발국가의 사람들…
인류의 90%를 위한
또 다른 디자인

"디자인의 궁극적인 목표는
인간의 환경과 인간이 사용하는 도구를 변형시키고
더 나아가 인간 스스로를 변형시키는 것이다."
빅터 파파넥

• Left is right?

'Left is right'는 미국의 관광지에서 종종 발견할 수 있는 간판문구다. '왼쪽(좌익?)이 옳다' '왼쪽은 오른쪽이다' 등 여러 가지 말장난으로 해석할 수 있지만 사실 이는 **왼손잡이**를 위한 상품들을 모아 판매하는 상점의 브랜드다. 상점 안에는 반대방향으로 도는 시계, 오른손목에 차는 손목시계, 왼손잡이용 가위, 왼손잡이용 카메라 등 온통 왼손잡이를 위한 상품들로 가득 차 있다. 심지어 상점 입구의 출입문 손잡이도 반대쪽에 달려 있다.

한국인들은 오랫동안 오른손을 '바른손'이라고 말해왔다. 왼손잡이 자녀들을 어려서부터 강제로 오른손잡이로 만들려는 부모들의 노력은 흔한 일이었다. 그것은 한국뿐 아니라 중세 유럽에서 오늘날의 인도네시아 발리섬에 이르기까지 세계의 거의 모든 문화권에서 동일하게 나타나는 관습이기도 하다.

어린아이의 왼손을 묶어놓고 오른손으로 밥을 먹게 하는 풍경이 전 세계적으로 동일한 역사를 가지고 있었다는 사실은 다소 충격적이다. 영어에서도 'right'는 '오른쪽'과 '옳다'라는 두 가지 의미로 사용된다. 서구에서는 중세 때부터 왼손을 '악마의 손'이라고 불경시했다는 기록이 전해진다. 결투가 일상화된 중세유럽에서 맞춤무기를 제작할 수 없었던 가난한 왼손잡이 기사들의 고뇌는 컸다.

세상에 존재하는 물건들은 대부분 오른손잡이를 위해 만들어졌다. 10%에 불과한 왼손잡이들은 문을 열 때도, 글을 쓸 때도, 책을 읽을 때도, 가위질을 하거나 단추를 끼울 때도 불편할 수밖에 없다. 그래서 왼손잡이에 대한 배려 수준은 장애인, 동성애자의 경우와 마찬가지로 사회적 소수자들에 대한 한 사회의 전반적인 태도와 인식 수준을 나타내는 척도라는 주장도 있다.

왼손잡이

● 난 아무것도 망치지 않아!

최근 영국의 한 문구업체는 '백조 펜Swan Neck Pen'이라고 이름붙인 왼손잡이를 위한 펜을 출시했다. 펜이야 좌우대칭의 모양을 가진 물건이므로 굳이 왼손잡이용이 따로 필요할 것 같지 않지만, 정작 '오른손잡이 펜'을 사용하면서 왼손잡이들이 느끼는 불편은 의외로 크다.

현대인들은 왼쪽에서 오른쪽으로 글을 쓰는 관습을 가지고 있다. 그러므로 오른손잡이가 글을 쓸 때는 이미 자기가 쓴 글들을 보면서 새 글을 쓸 수 있다. 하지만 왼손잡이는 자신의 손과 펜으로 방금 쓴 글들을 가리면서 새 글을 쓸 수밖에 없다.

왼손잡이가 일반적인 펜을 사용할 때 글자가 가려 보이지 않는 불편을 해소하기 위해 펜의 일부를 백조의 목처럼 휘게 하여 글자를 쉽게 볼 수 있도록 고안된 것이 바로 '백조 펜'이다. 개발자는 자신의 왼손잡이 딸이 왼손으로 글씨를 쓰면서 큰 고통을 겪는 것을 보고 고심 끝에 개발했다고 밝혔다.

방송매체를 포함하여 한국인들 대부분이 혼동하거나 오용하고 있는 어휘가 '다르다'와 '틀리다'다. '당신은 나와 생각이 틀리다'라고 할 때, 이는 사실 '당신은 나와 생각이 다르다'는 뜻이다. 그럼에도 불구하고 사람들은 감히 '틀리다'라고 말한다. 다수자들이 자신과 '다른' 소수자들을 '틀렸다'고 생각할 때 그것은 무서운 사회적 폭력이 된다.

모두가 똑같은 손을 들어야 한다고
그런 눈으로 욕하지마
난 아무것도 망치지 않아

난 왼손잡이야

1995년, 이적이 참여한 패닉 1집의 〈왼손잡이〉라는 노래의 가사 일부다. 장애인들은 동정과 배려의 시선을 원하는 것이 아니라 비장애인들과 함께 행동하고 일하고 살아갈 수 있는 환경을 원할 뿐이다. '다르지 않다'라는 사실을 증명할 수 있는 사회적 시스템을 바라는 것이다. **소수자에 대한 배려**란 곧 소수자에게도 다수자와 같은 삶의 기회를 부여하려는 사회적 노력을 말하는 것이다.

패닉의 가사는 한국사회의 많은 소수자 혹은 약자들이 시스템의 배려를 받지 못하고 편견 속에서 고통받고 있음을 고발한다. 여기서 '왼손잡이'는 하나의 상징, 사회적 수준의 바로미터일 뿐이다. 대한민국의 이명박 정부는 자막·수화 방송을 의무화한 장애인차별금지법 21조 3항을 5년 뒤에 폐지, 축소할 것을 검토하는 '규제일몰제' 대상에 포함시켰다. 반면에 디자이너 빅터 파파넥은 다수(시장)가 디자인을 결정하는 세상에 반기를 들고 '10%를 위한 디자인'을 통해 사람을, 세상을 바꾸려 했다.

● "디자인은 의미있는 질서를 창조하려는 의식적인 노력이다."–빅터 파파넥

1925년 오스트리아 비엔나에서 태어난 **빅터 파파넥**Victor Papanek은 영국에서 중등교육을 받고 미국으로 이주했다. 뉴욕의 쿠퍼유니온Cooper Union에서 저명한 건축가 프랭크 로드 라이트Frank Lloyd Wright의 지도를 받으며 건축과 산업디자인을 전공하고 MIT에서 존 아놀드John Arnold 교수에게 디자인을 사사했는데, 이후 여러 대학의 교수직을 거치며 인류학, 민속학, 문화형태학, 심리학, 생물학 등 디자인 외에도 인문학 일반을 섭렵하며 지적 소양을 키웠다.

2차대전 이후 세계에서는 유럽의 모더니즘이 미국의 상업주의와 맞물리면서 소비주의 디자인이 맹위를 떨치기 시작한다. 대량생산을 위해 모

'Water for the World' designed by Papanek

든 제품디자인은 지극히 기능적이고 간결해졌으며, 다른 한편으로는 소비 패턴의 주기가 짧아지면서 제품의 효용이나 수명과 상관없는 형태적·인위적 폐기가 만연하기 시작했다. 이에 서구의 디자이너들은 미적 가치가 결여된 산업디자인 경향에 반발하여 반디자인 운동을 펼치기도 했다.

디자인 미학의 패러다임이 격변하고 격돌하던 환경 속에서 교육받은 빅터 파파넥은 기능주의, 상업주의, 미학, 자유주의, 휴머니즘 등의 다변적인 가치들에 대해 고민하며 디자이너의 삶을 시작했다. 특히 디자이너의 윤리의식과 사회적 책임을 강조했던 그는 개발도상국과 사회적 약자들을 위한 디자인에 많은 관심을 가지고 있었다. 실제로 빅터 파파넥은 아프리카, 인도네시아 등 제3세계뿐 아니라 일본과 구미 각국의 중심지역에 체류하면서 소외계층, 빈민, 신체장애자 등 사회적 약자와 소수자들을 위한 제반시설과 도구의 디자인 문제 해결에 매진했다.

디자이너의 사회적 책임을 강조한 『녹색위기 Green Imperative』(1983)와 『인간을 위한 디자인 Design For the Real World』(1983)은 그의 대표적인 저서다. 1998년 사망했다.

빅터 파파넥은 인간의 모든 행동이 곧 디자인이라고 말한다.

"디자이너는 사회적, 도덕적 책임감을 의식해야만 한다. 왜냐하면 디자인은 디자이너의 상품과 환경, 나아가서는 디자이너 그 자신까지도 형성할 수 있도록 이제까지 인간에게 주어진 가장 강력한 도구이기 때문이다. 디자인의 궁극적인 목표는 인간의 환경과 그가 사용하는 도구를 변형시키고 더 나아가 인간 스스로까지도 변형시키는 것이다."

07

나 같은 흑인

"우리는 증오집단이 아니라
사랑집단입니다.
미국과 미국인들을 사랑하는
사랑집단입니다."

"흑인의 미국
백인의 미국
라틴계의 미국
아시아의 미국은 없습니다
미합중국만이 있을 뿐입니다."

흑인의 현실적인 삶을
진심으로 깊이 이해하고자 했던
미국의 언론인
존 하워드 그리핀 John Howard Griffin

"백인인 내가 흑인이 될 수 있을까?"

하루 15시간씩 일광욕을 하는 것도 모자라
피부를 검게 하는 약품과 염료를 사용하고
머리는 흑인처럼 짧게 잘랐다

**"변신은 완벽하고 충격적이었다.
백인 존 그리핀의 과거는
털끝만큼도 볼 수 없었다."**

버스에서 백인여성에게 자리를 양보하자

"흑인 주제에 건방지긴!"

어느 백인남자는 아무 이유 없이 그를 협박한다

"말썽부리면 죽여버리겠어!"

미국 남부의 고향에서는
그의 모형을 불태우고
계속되는 살해 협박에 시달리다 못해
멕시코로 떠나버린다

그로부터 47년 후
흑인으로 미국 최초의 대통령후보가 된
버락 오바마 Barack Hussein Obama

그러나

백인이 원하는 흑인상을 완벽하게 구현한다는 비판

'흑인'이라면 떠오르는 '거칠고 위험한 남자'가 아니라
사려깊고 이성적인데다 미남이라는 비아냥

"백인처럼 행동한다."

"덕분에 미국인들은
오바마를 찍으며
이렇게 말하는 자신을 상상할 수 있습니다.
인종은 상관없어!"

정치심리학자 **드루 웨스턴** Drew Western

● 노예에서 대통령이 되기까지

1863년 남북전쟁 중 미국의 에이브러햄 링컨Abraham Lincoln 대통령은 노예해방을 선언했다. 17세기부터 아메리카 대륙에 노예의 신분으로 끌려왔던 아프리칸들이 미국인으로서 살아가기 위한 힘겨운 행보가 시작된 것이다.

1870년 공화당의 히람 레블스가 미시시피 주에서 미국역사상 최초로 흑인 상원의원에 당선되면서부터 미국의 흑인들은 본격적으로 정치 일선에 등장하기 시작한다. 역시 1870년 흑인에 참정권을 부여한 **수정헌법 15조**에 따라 학교경비원이었던 흑인 토머스 피터슨Thomas Peterson이 미국역사상 처음으로 투표권을 행사하였다. 현재 미국의 흑인 인구는 미국 전체인구의 13% 정도를 차지하고 있으나 1800년대에는 19%에 달했으므로 이러한 정치적 진전은 당연한 것이기도 했다.

그러나 흑인들에 대한 정치적 평등과 투표권 보장에 따른 백인들의 반발은 매우 컸다. 1866년에는 백인우월주의 조직인 KKK단이 생겼고, 민주당이 의회를 장악해 흑인의 투표권을 제한하는 법안을 통과시키면서 1920년대 말까지 흑인의 정치참여는 암흑기를 맞는다. 1902년부터 1928년까지 26년 동안 미국 의회에는 상하원을 포함하여 흑인 의원이 단 한 명도 없었다.

흑인 투표권은 5차, 13차, 14차, 15차 수정헌법을 거치며 조금씩 진전을 이루다가 1870년에 이르러 마침내 "인종 등을 이유로 투표권을 박탈해서는 안 된다"라는 수정헌법이 발효됐다. 그러나 실제로 흑인들이 자유롭게 투표를 할 수 있게 되기까지는 한 세기가 더 걸렸다.

1930년대에는 미국의 흑인정치사에 일대 변화가 생겼다. 민주당의 프랭클린 루스벨트Franklin Delano Roosevelt 대통령이 집권하면서 뉴딜 정책을 추진하자 70년 넘게 공화당을 지지했던 흑인사회가 민주당을 지지하기 시작한 것이다. 이후로 오늘날까지 흑인들은 미국 민주당의 주요 지지기반이 된다.

1960년대는 흑인운동이 폭발적으로 성장한 시기다. 당시 **말콤 엑스**

Malcolm X와 **마틴 루터 킹**Martin Luther King은 흑인 민권운동의 양대축을 이루며 엄청난 대중적 지지를 얻고 있었다. 그러나 1965년에는 말콤 엑스가, 1968년에는 마틴 루터 킹이 암살되면서 흑인사회에 거대한 절망과 분노를 안겨주었다. 이들의 삶과 투쟁은 미국 주류사회에 인권에 대한 근본적인 자성을 일깨웠으며 이후 정치적·인권적 차별을 해소하려는 많은 사회적 노력들의 전기가 되었다.

Martin Luther King
Malcolm X

'흑인해방'은 아직도 미국사회의 중요한 이슈다. 버락 오바마가 상원의원이었을 때 미국 상원의원 100명 중 흑인은 단 한 명뿐이었고 하원에서도 흑인 의원의 비율은 10%를 넘지 못하고 있었다. 미국역사상 흑인 주지사는 지금까지도 4명뿐이다. 정부 내각의 주요인사로는 빌 클린턴William Jefferson Blythe IV 대통령 때 법무차관을 지낸 데벌 패트릭 현 매사추세츠 주지사와 콜린 파월 전 국무장관, 콘돌리자 라이스 전 국무장관 정도만이 두각을 나타냈을 뿐이다. 여전히 미국의 정치현실 속에서 흑인 정치인의 비중은 미미하다고 볼 수 있다. 버락 오바마의 제44대 대통령 당선이 더욱 다양한 의미로 읽히는 이유다.

● 오바마, 이 말쑥한 흑인에 대한 우려와 기대

버락 오바마의 대통령 당선은 대체로 1863년 노예해방 이후 지난했던 흑인 민권운동과 반인종차별 투쟁 그리고 흑인 정치참여 역사의 궁극적인 결과물이라고 평가된다. 압도적인 지지율, 케냐인 아버지와 미국인 어머니 그리고 인도네시아인 새아버지, 청소년기에 겪었던 정체성의 혼란과 마약 복용 등 전형적인 미국 내 유색인종의 고뇌가 담긴 이력 등도 오바마의 당선에 새로운 변화를 기대하게 만드는 요소다.

그런데 사실 오바마의 정치적 이력을 보면, 흑인이라는 점만 빼고는 미국 최상위층의 전형적인 엘리트 코스와 완벽하게 일치한다. 콜럼비아 대학교에서 정치학을 전공(1983)하고 하버드 로스쿨을 졸업(1992)한 후 곧바로 1996년 일리노이 주 상원의원(시카고 13구역)을 거쳐 2004년에는 연방 상원의원에 당선되었다. 그리고 곧바로 그는 미국의 제44대 대통령이 된다. 선거과정에서 그의 수많은 연설들이 미국인들로 하여금 새로운 변화의 가능성을 꿈꾸게 만든 것은 사실이지만, 그것이 곧 미국 흑인들의 전반적인 정치적 위상 제고와 연결될지는 아직 미지수라는 분석이 지배적인 이유다.

2008년 11월 삼성경제연구소는 '오바마 당선의 의미와 영향'이라는 보고서를 통해, 오바마의 압도적 당선 배경에는 무엇보다 경제상황의 악화가 있었다고 분석했다. 전통적인 공화당 우세지역에서까지 오바마가 승리했다는 것은 경제위기를 타개할 만한 젊은 개혁적 성향의 정치인이 선택되었다는 의미일 뿐 '흑인 대통령'이 선택되었다는 의미는 아니라는 지적인 셈이다. ('경제대통령'이라는 프레임을 전면에 내세웠던 이명박 대통령후보의 집권 배경과도 어느 정도 일맥상통하는 바 있다.)

보고서의 지적대로, 오바마의 당선이 미국 내 유색인종의 정치적 위상 변화를 지시하는 것은 사실이지만, '흑인'이 그의 당선 자체를 평가하는 잣대가 될 수는 없는 듯 보인다. 오바마가 민주당과 미국 정치세력 내 개혁적 흐름의 대표성을 띠고 있다고 하더라도, 말콤 엑스와 마틴 루터 킹에서 제시 잭슨 목사로 이어지는 흑인 민권운동의 본류와 동일시하는 데는 무리가 있어 보인다는 것이다. 참고로 대한민국의 제15대 대통령 선거에서 승리하여 헌정사상 첫 여야 정권교체를 실현한 김대중 정부는 집권 이후 '전라도에 대한 역차별' 논란에 시달리며 한국 현대사 내내 부동의 지지층이었던 호남인들로부터 부분적으로 외면을 받는 아이러니한 상황에 직면하기도 했다.

그런 의미에서 대통령 후보 시절 오바마가 가장 좋아하는 작가로 토니 모리슨Chloe Anthony Wofford을 꼽았다는 점은 의미심장하다. 토니 모리슨은 한때 미국문단에서 '흑인'과 '여성'이라는 이중적 소수자를 대표하는 작가였으나 1993년 노벨문학상 수상을 기점으로 "나에 대해 말할 때 더 이상 흑인여성이라는 수사를 앞세우지 않았으면 좋겠다"고 말한 바 있다. (참고로, 이명박 대통령은 후보 시절 가장 좋아하는 책으로 법정의 『무소유』를 꼽았다.)

2007년 5월 3일 워싱턴포스트 지와의 인터뷰에서 오바마는 "우리(흑인사회)는 폐렴에 걸렸다"라고 표현했고, 2004년 7월 28일 매사추세츠 보스턴 민주당 전당대회 기조연설에서는 다음과 같이 말했다.

"진보적인 미국과 보수적인 미국이 따로 있는 게 아니라 하나의 미합중국이 있을 뿐이다. 흑인의 미국, 백인의 미국, 라틴계 미국, 아시아계 미국이 따로 있는 게 아니라 하나의 미합중국민이 존재할 뿐이다."

선거과정에서 변화와 개혁을 갈망하는 미국의 민심이 반영된 것만은 분명한 듯 보인다. 오바마를 상징하는 키워드는 변화change, 개혁reform, 다양성diversity, 화합unity, 새로운 세대new generation 같은 진보적인 것들이 대부분이었다. 232년 미국 역사상 첫 흑인 대통령 시대의 출범은 미국사회에 거대한 인식변화가 시작됐음을 알리는 일대 사건임에는 틀림없다. 오바마 시대를 맞이한 미국에서 고질적인 인종문제와 여타 사회적 갈등 요소들이 어떻게 드러나고 해소될 것인지 목하 전 세계가 주목하고 있다. 미국은 바야흐로 '완전히 새로운' 정치적 발걸음을 내딛고 있는 중이다.

● 검은 사람은 버스의 앞자리에 앉지 못한다!

버락 오바마의 당선이 있기까지 미국의 흑인 민권운동사에는 의미있는 전환점들이 있었다. 그 중 대표적인 것이 1950년대의 '몽고메리 버스 보이콧 운동'과 1960년대의 '블랙파워 운동'이다.

1955년 12월 1일, 아프리카계 미국인 로자 파크스Rosa Lee Louise McCauley Parks는 앨라배마 주 몽고메리에서 백인 승객에게 자리를 양보하라는 버스운전사의 지시를 거부했다는 이유로 경찰에 체포되었다. 당시 몽고메리에서 버스의 앞자리는 백인들의 전용석으로 지정되어 있었는데, 당시 백화점 점원이었던 로자는 몽고메리 시의 규칙 6장 11절 '분리에 관한 법'을 위반한 혐의로 기소되어 4일 후 10달러의 벌금과 4달러의 법정비용을 물게 되었고, 그녀는 이에 항소하여 인종분리법에 정식으로 도전하게 된다.

12월 4일 일요일, 몽고메리 버스 보이콧 운동에 각지의 흑인교회가 동참을 선언했다. 그들은 "버스 안에서 흑인이 평등하게 존중되고, 흑인 운전사가 고용되고, 먼저 탄 사람이 자리를 차지할 수 있을 때까지" 투쟁하기로 결의하였다.

1955년 12월 5일, 하룻동안의 성공적인 캠페인을 마친 후 지온 교회에 모여 향후 전략을 논의하던 사람들은 몽고메리 진보협회를 만들어 이슈가 퇴색한 이후에도 지속적으로 흑인 민권운동을 벌여나가기로 결정했다. 모임의 회장으로는 덱스터 애비뉴의 침례교도 목사로 아직은 젊고 잘 알려지지 않았던 마틴 루터 킹 주니어 박사가 선출되었다. 이는 현대 흑인 민권운동의 본격적인 출발을 알리는 신호탄이었으며, 이 사건을 계기로 로자 파크스는 미국 내 흑인 민권운동의 어머니로 추앙받게 된다. 몽고메리 버스 보이콧 사건은 382일 동안 그 파장을 이어가며 미국사회의 인종분리는 물론 아프리카계 미국인의 인권과 권익을 개선하고자 하는 큰 규모의 저항운동으로 번져나갔다.

한편, 1960년대 블랙 내셔널리즘을 표방하며 미국의 흑인해방운동 진영이 내건 슬로건은 **블랙파워**Black Power다. 1966년 남부 미시시피 주 메레디드 행진을 조직한 학생비폭력조정위원회SNCC의 지도자 스토클리 카마이클Stokely Carmichael, 1941~1998이 내세운 '블랙파워'는 흑인사회 속에 만연되어 있던 인종차별과 억압에 대한 분노, 저항적 분위기와 결합해 미국사회에 급속도로 퍼져나갔다. 사실 1950년대의 공민권운동이 흑백공

Black Panthers

학共學, 공공시설에서의 차별폐지 등 남부 흑인의 차별을 부분적으로 제거했지만 실질적인 사회경제적 차별과 인종적 장벽은 여전해 흑인사회 내부에서 개량적인 노선의 흑인 지위향상운동에 대한 실망이 커져가고 있던 때였다.

1965~1968년에 걸쳐 미국 북부 주요도시에서 인종차별에 항거하는 흑인대중의 자연발생적인 폭동이 잇따라 발생했는데, 이러한 배경 속에서 역시 블랙 파워를 슬로건으로 내걸며 출현한 흑인해방조직이 캘리포니아의 블랙 팬더Black Panthers, SNCC, 흑인학생연합 등이다. 블랙 팬더는 1965년에 결성된 미국의 급진적인 흑인결사로 "흑인의 강인함과 존엄을 표현하기에는 검은 표범panther이 가장 알맞다"라고 한 스토클리 카마이클의 발언에서 유래된 명칭이다. 이들은 흑인사회의 자결권, 완전고용, 병역면제, 공정한 재판 등의 요구를 내걸고 경찰과 대항하기 위해 흑인의 무장까지 호소했지만 이후 정당으로 전환하여 시장선거에 입후보하는 등 온건노선으로 돌아섰다.

1968년 멕시코 올림픽 200미터 달리기 금메달과 동메달 수상자인 토미 스미스와 존 카를로스가 블랙파워의 상징인 검은 장갑을 한 손에 끼고 맨발로 수상대에 오르는 퍼포먼스를 벌임으로써 전세계의 주목을 받기도 했다.

나 같은 흑인 99

08

네 번째 사과

나는 타락하지 않았다
나는 이성적인 인간이다
나의 열정은 순수하다

"역사상 유명한 사과가 셋 있는데,
첫째는 이브의 사과요
둘째는 뉴턴의 사과요
셋째는 세잔의 사과다."

모리스 드니 Maurice Denis

실락원…
비로소
신으로부터 독립한
인간의 영혼

땅에 떨어진 사과…
비로소
자연의 법칙을 밝혀내기 시작한
인간의 과학

시간의 변화에 따라
변화하는 형태와 색깔…
비로소 자유로워지는
인간의 상상력

세계 최초로
인공지능의 개념을 구상하고

제2차 세계대전 중
독일군의 암호통신기 애니그마를 해독하여
조국 영국을 승리로 이끈 수학천재

그러나 1952년
"대단히 점잖지 못한 행위"로 체포된다

**"징역 10년 혹은 호르몬 요법에 처한다.
여성호르몬 투여로
그의 비정상적인 성적 욕망이 차단되면
동성애도 사라질 것이다."**

장기간의 여성호르몬 투여로
점점 여성처럼 변하는 몸…

사회와 격리된
그의 마지막 선택은
백설공주의 독사과

"사회는 나에게
여자로 변하도록 강요했으므로
나는 가장 순수한 여자가 선택할 만한 방식으로
죽음을 택한다."

앨런 튜링 Alan Mathison Turing, 1912~1954

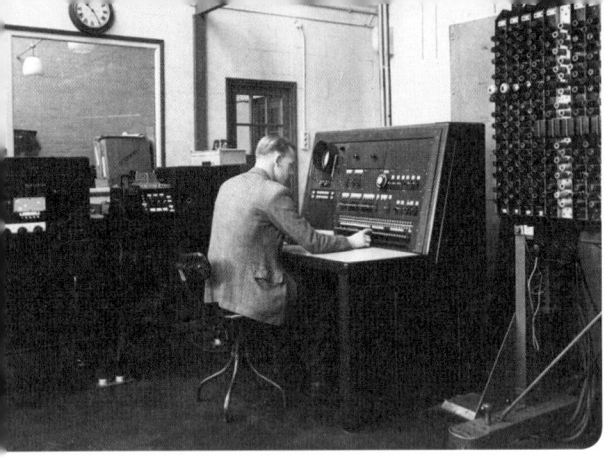

앨런 튜링의 사후 12년
과학계는 '앨런 튜링 상'을 제정
세계최초의 컴퓨터 콜로서스를 만든 튜링이
인류에 끼친 업적을 뒤늦게 기렸다

인류에게
다른 세계
다른 생각
다른 상상을 열어준

세 개의 사과

그리고
한 천재가 삼킨

네 번째 사과

나는 타락하지 않았다
나는 이성적인 인간이다
나의 열정은 순수하다

THE FAMILY HOME OF
ALAN M. TURING
(1912-1954)
FOUNDER OF COMPUTER SCIENCE

● 뉴튼, 튜링, 잡스의 원조 쟁탈전

맥킨토시 컴퓨터의 브랜드이자 요즘에는 iPod 메이커로 더 유명해진 애플Apple 사의 로고에 관한 설은 여러가지다. 디자이너인 롭 제노프Rob Janoff가 초기 디자인한 것이 사과인지 토마토인지 불분명해서 굳이 한 입 베어문 모양을 넣은 것이라든가, 창업자 스티브 잡스Steven Paul Jobs가 작업 중에 사과를 한 입 베어물고 컴퓨터 위에 올려놓았던 것을 형상화했다든가, 스티브 잡스의 고향 위스콘신 주가 사과로 유명하기 때문이라든가 하는 여러가지 재미있는 설들이 있다. 물론 애플 사는 지금까지 단 한 번도 공식적으로 긍·부정을 한 적이 없다.

초기   과도기   현재

애플 사의 초창기 로고를 보면 처음에는 뉴튼의 사과를 염두에 두었음이 분명하다. 사과나무 아래 앉아서 책을 읽는 뉴튼의 전형적인 모습을 묘사한 고전적인 로고를 사용하고 있기 때문이다. 애플 사가 처음 만든 PDA의 이름 또한 '뉴튼'이었으니 상당히 설득력이 있는 추측이다.

그러나 맥킨토시 컴퓨터 제품이 본격적으로 출시되면서부터 무지개색을 담은 사과에 한쪽에는 베어 문 자국이 있는 로고로 바뀌었다. 이때부터 초기 컴퓨터 모델을 고안한 과학자이자 동성애자였던 앨런 튜링Alan Mathison Turing에 헌사하는 디자인이라는 설이 득세하게 된다. 무지개색은 1978년 샌프란시스코의 화가 길버트 베이커Gilbert Baker가 동성애 사회를 상징하는 깃발을 디자인하면서 처음 사용되기 시작하여 핑크색 역삼각형과 함께 지금껏 동성애의 상징으로 사용되어왔다. 또한 베어 문자국은 앨런 튜링이 청산가리 사과를 삼킨 것을 상징한다는 설이 있다. 그러나 사실 무지개 깃발의 사용시점이나 초기 로고의 뉴튼 등을 염두에 두면 이 또한 이견이 있을 수 있다.

● 레인보우와 백설공주는 이제 고만 잊어주삼

앨런 튜링은 영국의 천재수학자로 전자계산기의 원리를 고안하고 컴퓨터 이론의 단초를 마련한 인물이다. 제2차 세계대전 중에는 연합군에 참전해 독일군의 악명높은 암호체계인 애니그마Enigma를 분석해 해독기를 만들었으며, 역정보를 흘려 노르망디 상륙작전을 승리로 이끄는 데 큰 공헌을 한 것으로도 유명하다. 1943년에는 최초의 컴퓨터라고 할 수 있는 거대한 전자계산기 콜로서스Colossus를 만들었으나 1970년대까지 영국정부에서 공개하지 않은 탓에, 3년 후인 1946년 세상에 공개된 미국 펜실베니아 대학의 에니악ENIAC에게 '최초의 컴퓨터'라는 역사적인 타이틀을 넘겨주고 말았다.

1946년 앨런 튜링은 전공戰功을 인정받아 훈장을 수여받고 1951년 영국학사원 회원이 되었지만, 이후 동성애자임이 드러나 강제로 호르몬을 투여받으며 고통스러운 화학적 거세과정을 겪어야 했다. 1954년, 결국 그는 42세의 젊은 나이에 청산가리를 투여한 사과를 먹고 스스로 목숨을 끊었다.

비극적인 종말의 주인공인 천재과학자와 애플 사의 발랄한 가치지향을 직관적으로 동일시하기란 사실 쉽지 않다. 그러나 최초의 컴퓨터를 만들고도 그 타이틀을 내준 것은 애플 사의 매킨토시가 그 기능적 우수함과 진보성에도 불구하고 IBM사와 마이크로소프트 사에게 업계 일인자의 자리를 내준 정황과 비슷해 보이기도 한다. 스티브 잡스와 튜링은 세상을 바꿀 만한 천재성으로 무장했으되 당대의 대중들과 호흡하기에는 너무 멀리 나가버렸다는 점에서 또한 그 이미지가 겹친다. 게다가 한때 IBM-마이크로소프트 연합군의 파상공세에 밀려 거의 빈사상태에 이르렀던 애플 사와 스티브 잡스를 보면서, 자신의 성적 취향을 이해하지 못하는 세상에 작별을 고할 수밖에 없었던 튜링의 고독한 최후를 떠올리는 것도 그리 어려운 일은 아니었을 것이다. 특히 애플 매니아들에게는 말이다.

물론 애플 사는 스티브 잡스의 복귀와 함께 아이맥 시리즈와 아이팟 시리즈로 완전히 부활하였다. 공교롭게도 이 시점에 애플 사의 로고는 무지개색을 날려버리고 세련된 은색의 미니멀한 스타일로 재탄생한다. 이제 더 이상 애플 로고에서 튜링의 비극적인 종말을 연상해야할 계기는 없어 보인다. 어쩌면 그것이 애플의 의지일지도 모를 일이다.

- 로고 진화의 변증법

초기

과도기

현재

오래된 기업의 로고 변천사는 복잡한 문화적 의미들을 담아내기도 한다. 미국 시애틀에 1호점이 있는 스타벅스의 경우도 그러하다. 시애틀 1호점에는 우리가 흔히 보는 스타벅스의 로고와는 조금 다른 초기 로고가 그대로 남아 있는 간판이 달려 있다. 1986년 본격적으로 스타벅스를 창업한 하워드 슐츠Howard Schultz는 허먼 멜빌Herman Melville의 유명한 소설 『모비딕(백경)』에 등장하는 항해사 스타벅이 커피를 좋아한다는 사실에 착안하여 사명을 짓고, 로고는 선원들을 유혹하여 바다로 몸을 던지게 했다는 그리스로마 신화의 시렌Siren 중에서 꼬리가 둘 달린 인어 멜루신Melusine, Nixie을 형상화하기로 했다. 시렌의 노래처럼 뇌쇄적인 커피향으로 세상사람들을 유혹해보겠다는 의미였을 터다.

그리하여 스타벅스의 초기 로고에는 17세기 노르웨이 목판화의 원형에 충실한 멜루신이 등장한다. 배경색은 커피를 상징하는 갈색이다. 원래 멜루신은 젖가슴과 두 개의 꼬리를 노골적으로 벌린 모양이었는데, 원형에 충실한 이 이미지는 로고화되는 과정에서 다소 순화(?)되었다. 조금 단순해진 두 번째 로고에서는 멜루신이 긴머리를 내려 가슴을 가린 채 배꼽만 내보이고 꼬리는 조금 덜 두드러지게 표현했다. 회사가 글로벌 브랜드로 성장하자 로고는 더욱 순화되고 추상화되어 결국 지금 사용되는 로고는 배꼽도 보이지 않고 두 개의 갈라진 꼬리는 약간의 흔적만 남긴 채 기호처럼 표현되고 있다. 아무런 정보 없이 지금의 스타벅스 로고를 보면서 그것이 멜루신이라는 사실을 깨닫기란 그리 쉽지 않다.

최근 세계적인 경기침체와 경쟁사들의 성장 속에서 매출이 급감하고 문을 닫는 매장이 속출하자 스타벅스는 초심을 찾는다며 초기의 갈색 로고로 교체하는 작업을 진행했다. 그런데 미국의 기독교단체들이 멜루신의 꼬리를 벌린 모습이 매준부를 연상시킨다는 이유로 불매운동을 벌인다는 소식이다. 로고의 변화 속에 담겨진 20년 사회적응의 역사를 되돌리는 것이 그리 간단한 일은 아닌 모양이다.

1939년   2차대전 이전   2차대전 이후   2000년

독일의 '국민차' 폭스바겐이 제2차 세계대전 이전의 로고로 돌아간다면 나치의 상징과 WAGEN의 'W'가 결합한 초기 로고에 거부감을 느낄 이들이 많을 것이다. 최소한 전후戰後 영국에 의해 톱니바퀴가 삭제되고 W를 중심으로 순화된 로고 정도는 되어야 용서가 가능하리라.

09

two jobs, 스피노자의 이유

내일 세상의 종말이 온다 해도
난 렌즈를 깎고 있을 사람입니다.

바야흐로 종교개혁의 시대
그곳의 유대인 공동체에서 학교를 다녔지만
만병의 근원
호기심이 너무 많았다
신에 대해 다른 의견을 가졌다는 이유로
부계상속을 비난하는 글을 썼다는 이유로
유대교 장로들은
그를 파문한다

나이 24세
파문을 당한 탓에
무역업에 종사하던 부친의 재산을
단 한 푼도 물려받지 못한 그는
렌즈 깎는 일을 배운다

프랑스혁명이 있기 100여 년 전
왕당파와 공화파 가리지 않고
모두가 혁명적 사상에 물들던 시대
그는 렌즈를 깎으며
밤에는 저작에 전념했다

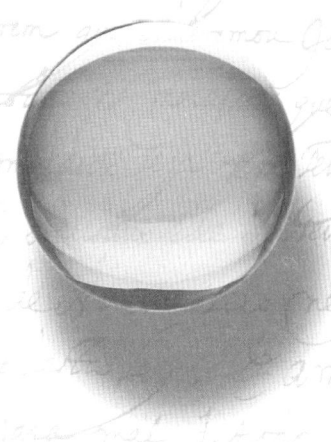

"비록 불확실할지라도
온 힘을 다해 길을 찾으려 애썼다."

THEOLOGY & PHILOSOPHY

SPINOZA'S ETHICS ETC.

★

Introduction by PROFESSOR SANTAYANA

THEOLOGY & PHILOSOPHY

The Philosophical Writings of LEIBNIZ

★

Translated by MARY MORRIS
Introduction by C. R. MORRIS, M.A.

첫 번째 저서

『데카르트의 철학원리』

가톨릭교도…
루터파…
유대인…
데카르트주의자…
칼뱅주의자…

당대의 모든 지식인그룹으로부터
비난과 모략이 극에 달하자
익명으로 출판된 두 번째 저서

『신학정치학 논고』

"폭압적인 지도자는
파탄난 영혼들을 필요로 한다.
파탄난 영혼들이
폭압적인 지도자를 필요로 하듯이…"

광신도들의 잇따른 암살 기도로
이리저리 옮겨다니며 살아야 했던
가난한 렌즈기술자

1675년 『에티카(윤리학)』를 완성하지만
결국 출간을 포기하고
하이델베르크 대학의 교수초빙도 정중히 거절한 채
겸손과 청빈
검약의 삶을 계속 이어간다

방랑과 은둔의 삶에도 불구하고
가치를 전복하고
망치로 때리듯 철학을 구성하는
당대의 재야사상가가
평생을 두고 고민한 주제

"대중을 노예가 아닌
자유로운 인간집단으로 바꿀 수 있을까?"

결코 남을 설득하거나 추궁하지 않았다
오로지 스스로
삶의 즐거움과 미래의 전망을 믿었다
안경알을 깎고 또 깎으며

스피노자 Benedict de Spinoza, 1632~1677

● 이단의 숙명을 타고난 철학자

스피노자는 포르투갈계 유대인 집안에서 태어났지만 특유의 인문주의적 소양과 감수성 때문에 필연적으로 '이단적 사상'으로 나아갈 수밖에 없었다. 범신론汎神論 내지 자연신론을 표방하면서도 근본적으로는 평생을 유물론자, 무신론자로 살았던 그는 유대교는 물론 기독교와도 불화하여 끝내 파문선고를 받았다. 중동에서 발원한 일신론이 지배하던 17세기 유럽에서 종교적 파문은 곧 사회적 파문이었으므로 스피노자의 은둔은 스스로 선택한 것이라기보다는 강요된 것이라 볼 수 있다.

종교적 파문 이후 고립된 생활을 하며 철학연구에 몰두하여『신(神)·인간 및 인간의 행복에 관한 짤막한 논문』『지성 개선론』『데카르트 철학원리』『신학정치론』등을 저술했지만 그의 대표적인 저작은 단연 1675년에 탈고한『에티카Ethica in Ordine Geometrico Demonstrata』라 하겠다. 그는 인간에게는 누구에게나 이성이 있으며, 이성의 작용을 통해 희열을 얻으려는 욕망에서 윤리와 도덕이 생겨난다고 생각했다. 이러한 전제 하에 그는 스스로 '기하학적 질서에 따라 증명된 윤리학'이라고 이름붙인 인식론, 형이상학, 심리학을 포괄하는 고유의 합리주의 철학을 전개하고 이를 논증했다.

● 데카르트의 이분법을 넘어서

편견을 없애고 마음을 활짝 열어
괴로운 생각을 담고
그들이 반대해서 설교하는
모든 악을 저질러버려

네덜란드의 고딕메탈밴드 Epica의 노래 〈Cry For The Moon〉의 가사

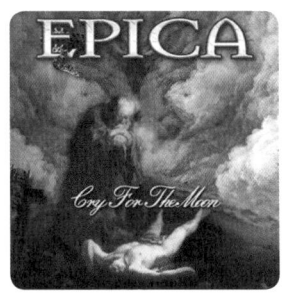

일부다. 20대의 젊은 뮤지션들로 이루어진 이 밴드는 스피노자의 『에티카』를 읽고 받은 감동을 노래로 만들었다고 한다. 17세기 아웃사이더형 철학자와 21세기 메탈밴드의 만남은 일견 엉뚱해 보인다. 노래 역시 고딕메탈이라고는 하지만 유려하고 경건하게 들린다. 그러나 노래가 담고 있는 의미를 따라가다보면 '광학적光學的 이성'을 추구한 스피노자의 삶과 젊은 메탈밴드의 문화적 관심이 비로소 조우하고 있음을 알 수 있다.

"내일 지구가 멸망한다 해도 나는 오늘 한 그루의 사과나무를 심겠다." 누구나 스피노자의 경구라고 즐겨 인용하는 이 문구는 사실 스피노자가 한 말이 아니라는 설이 많다. 스피노자의 저작 어디에도 이런 문구는 등장하지 않으며 사과나무 운운한 발언기록도 전무하기 때문이다. 마틴 루터 킹 목사가 처음 사용한 말이라는 의견도 있다『월든』의 작가 헨리 데이빗 소로우나 독일의 문호 괴테의 경구라는 사람들도 있다. 하지만 그 어떤 설도 결정적인 문서적 증거를 내세우지는 못하고 있다.

그리하여 스피노자의 우세는 계속 유지된다. 무엇보다 주변의 어떠한 압력과 유혹에도 흔들리지 않고 자신만의 철학을 갈고 닦기 위해 세상을 등지고 고집스럽게 이성을 추구한 스피노자의 삶이 이 경구의 순수하고 초연한 욕망과 잘 어울린다. 한편, 사과나무는 성경의 선악과와도 연결된다. 성경의 선악과는 오랜 세월 인간의 윤리와 도덕을 가늠하는 상징적인 키워드였다. 뱀과 선악과로부터 비롯된 실락원失樂園과 관련하여 스피노자는 '선악'이라는 관념 자체를 부정하고 성경이 말하는 선악을 '지혜'와 '무지'로 해석하며 "어리석은 아담이 있을 뿐 악한 아담은 없다"고 말했다. 이렇듯 스피노자에게 있어 선Good과 악Evil은 존재하지 않았지만, 인간으로서 매순간 좋음Good과 나쁨Bad을 구별해야 하는 문제는 남아 있었다. 그것이 바로 윤리ethic의 문제였다.

스피노자는 윤리의 문제를 궁구窮究하면서 이는 어디까지나 이성의 문제이므로 종교에 의존해서는 안 된다고 역설했다. 하이델베르크 대학의 교수직 제안을 거절했던 이유도 "신에 대한 이야기만 하지 않는다면 모든 것을 허용하겠다"는 단서 때문이었다.

일찍이 신의 존재를 회의했다는 이유로 유대교에서 파문된 스피노자는 부친의 사후 여동생과 처남이 그의 재산을 전부 가로채자 네덜란드 법정에 소송을 내면서 이렇게 말했다.

"재산이 탐이 나서가 아니라 정의가 허물어지는 것을 막기 위해서다."

실제로 그는 승소한 이후 모든 재산을 다시 여동생에게 내어주며 자신은 렌즈공의 가난한 일상으로 돌아갔다.

● 그들의 이유 있는 투잡

스피노자는 평생 호구지책으로 망원경이나 안경의 렌즈를 가공하는 일을 했다. 오늘날로 말하자면 '투잡족'이었던 셈이다. 철학과 렌즈는 또한 스피노자에게 있어 세상과 만나는, 세상을 보는 두 개의 눈이었다. 그런 의미에서 스피노자의 투잡에는 그럴듯한 명분과 이유가 있었다고 볼 수 있다.

"20년 가까이 퀵서비스를 하고 있다. 운영이 아닌 배달이다. 오토바이를 타고 다니다 다치면 배우 일에 지장이 생길까봐 지하철 퀵서비스를 하고 있다. 연기 일이 없을 때는 그 일이 수익의 대부분이다."

무명배우 홍석유는 1990년 대학가와 노동현장을 뜨겁게 달구었던 독립영화 〈파업전야〉에서 뒤늦게 각성하는 노동자 역을 한 이래로 〈하얀전쟁〉〈게임의 법칙〉〈넘버 3〉〈친구〉〈주먹이 운다〉〈너는 내운명〉〈그놈 목소리〉 등 무려 300편이 넘는 영화에 단역으로 출연했다. 아무도 그의 이름은 기억하지 못하고 간혹 특별히(?) 서민적인 그의 얼굴만을 알아봐주는 정

two job

도지만, 그는 배우라는 자신의 직업을 유지하기 위해 퀵서비스라는 직업을 하나 더 가지고 있다. 그리고 그의 투잡은 20년 동안 이어져오고 있다. 2008년 10월 26일 MBC 〈시사매거진 2580〉에 소개된 전주시민 이종용은 사업실패로 수억 원의 빚을 떠안게 된 이후 거의 노숙자의 신분으로 10년 동안 하루 1~2시간씩만 자면서 사우나 청소, 신문 배달, 떡 배달, 학원 차 운전, 폐지 수집, 판촉 아르바이트라는 여러 직종의 일을 매일 반복했다. 그는 이렇게 해서 10년 만에 3억5,000만 원의 빚을 다 갚았다고 한다. TV화면에는 '마지막 송금'을 하면서 울음을 터뜨리는 그의 얼굴이 클로즈업되었다.

"한반도 장래를 생각할 때… 반드시 통일된 한반도가 아니어도 별로 상관은 없다"라고 언급한 바 있는 현인택 고려대 교수는 이명박 정부가 통일외교 분야의 핵심공약으로 내세운 이른바 '비핵·개방·3000'의 입안자다. 10년간 북한의 국민소득 수준을 매년 27%씩 성장시킨다는 내용을 담고 있는 '비핵·개방·3000'은 정부여당 내에서조차 비현실성이 제기되고 있는 정책이다. 새정부 출범 이후 현인택 교수는 통일부 정책자문위원과 대통령 직속 미래기획위원회 위원직을 동시에 맡고 있다. 방학을 맞아 가족과 함께 미국여행중이던 현인택 교수는 2008년 8월 7일 금강산 관광객 피격사망 사건을 다룰 예정이었던 통일부 정책자문회의에 불참했고, 8월 11일 대통령이 주재한 미래기획위원회 회의에는 참석했다. 그는 새정부 출범 이후 통일부 정책자문회의에는 단 한 차례도 참석하지 않았고, 대통령 직속 미래기획위원회에는 단 한 차례도 불참하지 않았다. 2009년 2월 현재 현인택 교수는 통일부 장관 내정자로 인사청문회를 앞두고 있다.

학기중에도 정부가 요직을 마련해놓고 부르면 교수직은 그대로 유지한 채 학교를 떠났다가, 공직에서 물러나면 다시 강의실로 돌아와 학생들을 가르치는 교수들을 폴리페서polifessor라 부른다. 명분과 이유에서 스피노자, 홍석유, 이종용의 투잡은 서로 닮았다. 이들의 투잡과 폴리페서의 투잡은 서로 닮지 않았다.

10
이소룡이 이소룡에게

lee

bruc

1940-73

승리 뒤에는
도대체 무엇이 있을까

경극배우였던 부친에게 태극권을 배우고
1950년
〈세로상〉이라는 영화에 출연하며 얻은 예명

李小龍

19살
의사가 되기 위해
미국으로 건너가지만
지도교수는 다른 길을 권했다

"너처럼 질문하는 것을 좋아하는 사람은
철학을 배워야 한다.
철학은 인간이 무엇을 위해 사는지에 대해
대답해줄 게다."

1962년
워싱턴 주립대 심리학부 철학과 입학
1968년
미국 폭스TV의 인기 시리즈물 〈그린호넷〉 출연

그러나
유명해질수록
깊어가는 고민

"할리우드에 처음 발을 디뎠을 때
내 주위엔 많은 사람들이 있었다.
하지만 정작 나라는 사람은 없었고
단지 로봇 한 대가 있었을 뿐이다."

그리고
깊어가는 의문

"사람들은 어째서
승리에 그토록 집착하는 걸까?
승리 뒤에는
도대체 무엇이 있을까?"

다시 돌아온 홍콩…
검술과 와이어액션이 지배하던 홍콩영화판에서
그는 오로지 몸뚱이 하나로 세상과 맞섰다

〈당산대형〉 1971
〈맹룡과강〉 1972
〈용쟁호투〉 1973
〈사망유희〉 1973

그에게 무예는
당대와의 대결
운명과의 투쟁이었다

"그는 자신의 육체를 직접적으로 드러낸다.
다른 영웅들보다 훨씬 인간적이다."
미술평론가 이대범

"그를 따라 나도 철학과에 입학했다."
무술감독 장태식

"미성년자 관람불가였던 〈용쟁호투〉를 보기 위해
아빠의 모자와 바바리코트는 필수였다."
영화감독 유하

"육체는 겉모양일 뿐이다.
싸움의 끝은
자기 자신을
향해 있는 것이다.
절권도는
영원히 완성될 수 없는
무술이다."

이소룡 1940~1973

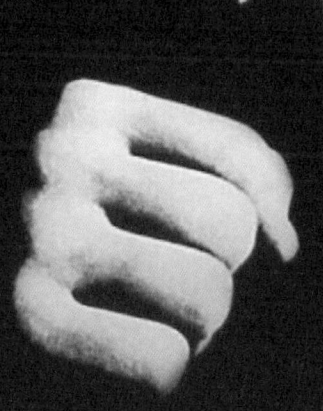

part 2 세상의 결을 따라

물이 되는 꿈
"잘 들립니까?" "네, 잘 들립니다"
한센인
용서의 조건
토론의 달인
뉴딜
시한폭탄
한잘라
변화의 조건
Frame

in situ

2

11

물이 되는 꿈

이 고생만은 대물림하지 않으려 했다

ⓒ김흥구

ⓒ 제주시청

바다 저 깊이 숨어 있는
귀한 전복

집에 누워 있어도
바닷속 어딘가에서
전복이 꾸물거리는 모습이
자꾸만 눈에 밟혔다

맨발
맨손으로 뛰어들어야 하는
바다

수심 20미터
2분 넘게 참아야 하는
숨

"옷도 입지 않고 일하는 여자들!"

"수치를 모르는 상것들!"

끊이지 않는
뭍의 조롱

그러나
그녀들만 꿈꿀 수 있었던
멀고 먼 여행

ⓒ 제주시청

**"3년만 기다려주세요.
출가出家물질로
집안에 밭을 사서
재산을 일궈놓을게요."**

일본 쓰시마
중국 칭다오
러시아 블로디보스토크…
낯선 이국의 바다에서 보낸
젊은날들…

"15년 동안 쓰시마에도 가고
안 가본 데 없이 괭이질했어.
그렇게 소라, 전복을 캤는데
결국엔 다 그게 일본에 봉사한 거지 뭐야."

우리들은 제주의 가엾은 잠녀潛女
저놈들은 착취기관 설치해놓고
우리들의 피와 땀을 착취해간다
가엾은 우리 잠녀
어디로 갈까

〈해녀 노래〉 중 **강관순** 1933

"왜놈들한테 잡혀
고문당하면서 생각했어.
전복 캘 때 숨 참는 거
그거 생각하면서 견디자…"

故 김옥련

"물질로 돈 모아
밭을 좀 샀어.
그 중 얼마는 제주 4·3 때
큰아들 빼내느라고 팔아 썼고
또 얼마는 6·25 때
작은아들 징집 빼느라고 팔아 썼고
마지막 남은 건
4·3 때 결국 죽은 큰아들 대신
큰손주 대학공부시키고 결혼시키느라
다 팔아 썼지."

ⓒ김흥구

오랜 잠수로 얻은 병
매일 아침 스무 알 두통약을 삼키고
바다로 향하는
일흔
여든
아흔…

허파는 예전 같지 않고
바다는 척박해졌다
번번이 빈 망사리에
여전한 맨발 맨몸이지만

ⓒ김흥구

"스킨스쿠버?
그게 있으면 한 사람이 백 명 일도 할 수 있다며?
근데 그렇게 하면
나머지 아흔아홉은 어떻게 되나?"

ⓒ김홍구

● 오래 참은 숨, 마침내 빗창을 움켜쥐고

제주해녀박물관과 제주해녀 항일운동 기념공원이 위치한 북제주군은 전통적으로 나잠어업이 발달한 지역이자 1932년 제주해녀 항일운동의 발상지다. 1932년 약 3개월에 걸쳐 연인원 17,000여 명이 참여한 이른바 제주잠녀항쟁은 일제강점기에 일본인들의 수탈에 대항하여 제주 해녀 수천 명이 빗창(전복 채취에 사용되는 쇠갈고리)을 들고 앞장서서 싸운 사건이다. 1920년에 만들어진 해녀조합이 일제에 의해 관제조합으로 바뀌면서 잠녀의 이익 대신 일본인 무역상, 해조회사의 이익을 대변하는 것은 물론 공판 부정이나 자금 횡령 등을 저지르면서 촉발되었으며, 부춘화(당시 25세), 김옥련(당시 23세), 부덕량(당시 22세)을 대표로 하여 민혁동맹 소속 오문규, 김순종, 김시곤, 문도배, 김성오, 강관순, 신재홍, 한영택, 한원택, 한향택, 고사만, 채재오 등의 지원으로 준비되었다. 그들은 1931년 6월부터 일제 수탈사건의 진상, 일제의 침략성과 불법적인 탄압을 규탄하는 격문을 섬 전체에 살포하여 도민들의 의분을 모았고, 리·면·도에 걸쳐 풀뿌리 조직거점을 마련, 요구조건과 투쟁방침을 수립하는 등 치밀하게 거사를 준비하였다.

1932년 1월 7일, 세화 장날인 이날 제주해녀들은 손에 빗창을 들고 머리에 수경을 착용한 채 제주읍으로 향한다. 해녀 대표들을 선두로 한 300여 명의 해녀들이 세화리에 들어서자 장터에 모여 있던 도민들이 합세하여 그 수효는 수 천명을 헤아리게 되었다. 면사무소에 도착한 시위대가 해녀 대표들을 통해 요구조건을 면장에게 제시하지만 면장은 자신의 권한 밖의 일이라며 "12일 도지사가 오면 해결해주겠다"고 약속했고, 이에 시위대는 일단 해산한다.

1월 12일 종달리·오조리 해녀 300여 명과 하도리 해녀 300여 명, 세화리 해녀 40여 명 등 700여 명이 세화장터에 다시 모였다. 여기에 오일장에 모인 도민들까지 합세한 시위대는 도지사가 있는 제주읍으로 향하던 중 차를 타고 순시를 하던 도지사를 발견하고 차를 포위한다. 이에 도지사는 차 안에서 해녀 대표와의 면담을 진행하는데, 그동안 차 밖에서는 일경들이 시위대의 무력해산을 시도하지만 해녀들의 완강한 저항을 막역부족이었다. 결국 도지사는 해녀들의 요구를 수용하겠다고 확답하기에 이른다. 그러나 도지사는 시위대의 포위에서 풀려나자마자 광주에 지원경찰을 요청, 이후 일경은 제주도 전역에서 좌경분자에 대한 대대적인 검거작전에 나서게 된다.

1932년 1월 23일 일경은 세화리의 문도배와 문도후, 종달리의 한향택과 한원택, 연평리의 신재홍 등 수십 명의 사람들을 검거했다. 1932년 1월 24일, 경찰의 연행을 저지하기 위해 400~500여 명에 이르는 해녀와 도민들이 나서서 경찰들과 몸싸움을 벌였다. 그 과정에서 50여 명이 다시 검거되는데, 해녀 대표인 부춘화, 김옥련, 부덕량을 비롯한 해녀 34명이 포함되었다. 이런 충돌은 우도, 종달리 등지에서도 동시에 일어났다.

당시 하도리 소녀회 회장으로 항쟁을 직접 지도했던 고故 김옥련은, 이 투쟁이 일시적인 생존권 투쟁이 아니라 민족교육을 실시했던 야학교사 강관순, 오문규, 김순종 선생 밑에서 지도를 받은 해녀들이 중심이 되어 확고한 신념을 갖고 지속적으로 주도해왔던 것이라고 생진에 증언한 바 있다. 김옥련은 "당시 체포된 후 만취한 일본경찰로부터 물고문, 무릎누르기 등 숱한 고문조사를 받았다"며 "전복을 따기 위해 숨을 멈추고 물질하는 것과 같이 조금만 참으면 모든 것을 극복할 수 있다는 믿음으로 어려움을 이겨냈다"고 술회한 바 있다.

잠녀항쟁의 결과, 공동판매제도와 특정상인 지정제가 폐지되고 육지 출가 문제 등 일부 문제가 해결되었다. 항쟁의 결과는 미미했지만 제주잠녀항쟁은 기층단위의 반일·반제反帝의 항일운동으로 역사적 의의가 깊다. 국가보훈처는 2005년 강관순, 김옥련 등 잠녀항쟁 유공자 11명에 대하여 독립유공자로 포상하고 유족들에게 포상금을 지급했다.

2005년 8월 15일, 1932년 제주잠녀항쟁의 의미와 경과를 간략히 적은 기념비와 강관순 작사 〈해녀 노래〉 노래비가 제주도 본섬인 구좌읍 세화리와 상도리 하도리 경계지점에 세워졌다.

12
"잘 들립니까?" "네, 잘 들립니다"

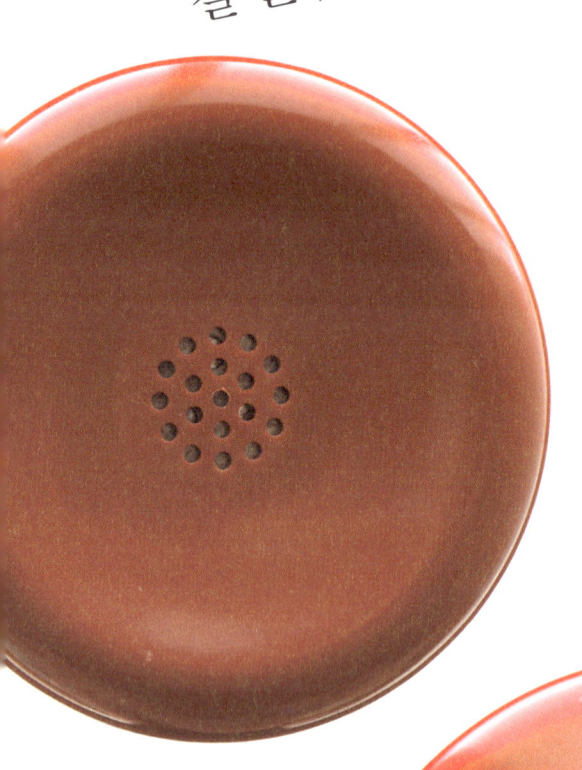

소통과 불통

1882년 3월
조선에 처음 들어온

다리풍 telephone

"저 요상한 것 때문에 흉년이 든 게 분명해!"

사람들은 전선을 끊어버린다

그러나
점점 더 많아지는 전선
점점 더 가까워지는 거리
보고 싶은 사람에게
언제든 달려가는 목소리

사람들이 사는 곳이라면 어디든
전선이 들어왔다

그러나
언젠가부터 더는 전선으로 흐르지 않는
이야기들

2008년
전 국민 **93.2%**
휴대전화 사용

직장인 평균
휴대폰에
저장된 전화번호
146.3명

1인 한 달 평균
199통화

"나는 비록 혼자 있지만,
결코 혼자가 아니다.
나는 휴대전화를 가지고 있기 때문에
누구와도 함께할 수 있다."
『호모 모빌리쿠스』 중 **김성도**

이제 전선은 조용한 듯 보였다
그러나

홀수 날은 이쪽에서
짝수 날은 저쪽에서
가만히 흘러다니는 목소리

"잘 들립니까?" "네, 잘 들립니다."

서로 연결되어 있음을 확인하는
간단한 대화가 이어진 지
30년

적십자사의 이산가족 상봉사업을 통해
총 19,960명의 이산가족이
대면과 화상을 통해 상봉했고
48,338명이 생사확인을 했다

2008년 11월
판문점 적십자 채널을 통한 남북 당국 간 직통전화는
단절되었다

ⓒ 한국경제

• 1004가 구리선을 벗어나 8282 날아다니던 시대

흔히 삐삐라고 부르던 무선호출기 pager가 단종된 것은 채 10년도 되지 않지만 대부분의 사람들은 어느새 삐삐를 기억하지 않는다. 삐삐는 당대에 매우 혁신적인 이동통신수단이었다. 012나 015로 시작하는 무선호출 식별번호와 호출번호를 누른 후 접속음이 들리면 연락받을 번호를 누르고 전화를 내려놓는다. 피호출자의 삐삐에 호출자가 찍은 번호가 뜨면, 피호출자는 그 번호로 전화를 걸어 호출자와 연락을 취한다. 이 방식은 무선전화가 없던 시절 '이동하는 사람들'과 통신할 수 있는 가장 빠르고 효과적인 수단이었다. 그래서 삐삐는 바쁜 사람들의 상징이 되었고, 기자, 의사, 영업맨 등 화급한 연락이 많은 이들에게는 필수품이 되었다.

모토롤라 사가 무선호출기를 최초로 개발한 것이 1980년, 한국에 도입된 것은 1980년대 중반이었다. 1993년 국내사업자가 전국적으로 12개 사로 늘어나면서 가격이 저렴해지자 삐삐는 급속히 대중화되었다. 1992년에 145만 명이던 사용자 수는 불과 3년 만에 1,000만 명, 1997년에는 1,500만 명을 돌파하면서 정점을 이룬다.

삐삐가 대중화되면서 고유한 통신문화가 형성되기 시작했다. 삐삐에 전화번호 대신 일종의 숫자암호를 찍어 의사소통을 하는 것은 신세대의 새로운 트렌드였다. 숫자암호로는 예컨대 '8282(빨리빨리)' '1004(천사)' 등이 있었다. 삐삐 덕분에 공중전화는 항상 만원이었다. 허리춤에서 삐삐를 꺼내 보며 조급한 표정으로 공중전화 앞에 길게 늘어선 사람들의 모습은 당시 흔한 풍경이었다.

삐삐는 10여 년 동안 사람들의 허리춤에서 그 존재감을 시위하며 이동통신시대의 본격적인 서막을 알렸다. 사람들이 더욱 바빠지면서 이동중에도 누군가의 연락을 받아야 하는 시대가 도래한 것이다. 삐삐의 등장으로 사람들이 더 바빠지고 조급해졌다는 문명비판도 있었다.

● '핸펀시대'를 앞서 준비했던 세례자 요한들

무선호출기와 휴대전화 사이에는 과도기적인 상품들이 있었다. 씨티폰과 카폰, 위성전화 따위였다. 1997년 처음 서비스를 시작한 발신전용 휴대전화인 씨티폰은 삐삐와 한쌍을 이룬다는 점에서 당시에는 꽤 매력적인 상품이었다. 씨티폰은 공중전화에 줄을 서서 기다리지 않아도 된다는 편리함과 비교적 저렴한 가격 때문에 시장의 주목을 받았지만 문제는 발신범위였다. 사업자가 제공하는 발신기지국은 주로 공중전화에 설치되었는데, 이 기지국의 100미터 내에서만 발신이 가능했다. 게다가 기지국 시설과 씨티폰 사이에 자동차가 한 대만 가로막고 있어도 먹통이 되는 기술적인 한계가 존재했고, 통화품질도 저급한 수준이었다. 삐삐 전성시대에 발신전용 이동전화라는 아이디어는 환영받았지만, 1999년 휴대전화 PCS서비스가 시작되자 씨티폰은 즉시 시장에서 퇴출되었다.

씨티폰과 PCS서비스 이전에도 비교적 완전한 휴대전화 서비스가 있었는데, 바로 카폰이다. 자동차 전용 휴대전화인 카폰은 자동차 내부에 아예 기지국을 설치해서 이동전화를 구현한 것이다. 1984년 한국에서 처음 서비스되었는데, 비싼 가격 때문에 한때는 부의 상징처럼 여겨지기도 했다. 당시에는 자동차 후미에 거대한 송수신용 안테나를 휘청거리도록 달고서 기사가 운전하는 세단의 뒷좌석에 앉아 군사용 무전기만 한 전화기를 들고 통화하는 신사의 모습을 도로에서 종종 목격할 수 있었다. 비록 가격 때문에 대중화되지는 못했지만 본격적인 PCS서비스 이전에는 일부 계층의 사치품으로, 서민들에게는 선망의 대상이 되었다. 이 역시 휴대전화의 대중화와 함께 2000년 이후로는 완전히 사라지고 만다.

휴대전화와 함께 등장한 위성전화 역시 비운의 운명을 맞았다. 지역적 한계를 뛰어넘으며 전 세계 어디서나 통한다는 장점으로 시장에 어필했으나 역시 상대적으로 비싼 사용료와 가격 때문에 대중화에는 실패하고 만다. 하지만 해양탐사 전문가나 석유업계 종사자 등 바다 위를 떠다녀야 하는 사람들이나 지구촌 상공을 바쁘게 날아다니는 비즈니스맨, 전쟁에 파견된 군인이나 종군기자들에게는 없어서는 안 될 통신수단으로 여전히 살아남아 있다. 기기도 점차 간소해지고 휴대가 용이한 방식으로 진화하고 있으며, 별도의 수신안테나 등 번거로운 장치들이 필요 없는 형태로 발전하고 있다. 그래도 위성사용료와 기기가격 등 상대적으로 높은 비용은 어쩔 수 없는 상황이라 최근 임대서비스 등으로 다시 대중화를 꾀한다는 소식도 들려오고 있다.

● 시대를 거스르는 요령부득의 불통不通

2000년 6월 13일 오전 9시 30분, 서울공항을 이륙한 대한민국 공군1호기는 1시간 뒤인 10시 30분 평양 순안비행장에 도착한다. 김대중 전 대통령과 김정일 국방위원장이 웃으며 악수하는 광경을 보며 세계는 경악했고, 남북의 많은 이들은 눈물을 흘렸다. 분단 이후 최초로 성사된 이 남북정상회담에서 양 정상은 평화적이고 점진적인 통일방안에 합의했으며, 그 과정으로 평화공존과 교류협력의 구체적인 방안들을 명시한 '6·15남북공동선언'을 채택했다.

잘 알려지지 않았지만 이 남북정상회담의 또 다른 성과는 ==남북 정상 간 핫라인(직통전화)==의 개설이었다. 당시 김대중 전 대통령을 수행한 임동원 전 통일부장관의 저서『피스메이커』에 따르면, 제2차 남북정상회담의 개최를 논의하는 과정에서 김 전 대통령이 "앞으로 뭔가 중요한 문제가 생기면 우리 두 정상이 직접 의사소통합시다. 이 기회에 두 정상 간 비상연락망을 마련하는 게 어떻겠습니까?" 하고 물었고, 이에 김 위원장이 "그거 좋은 생각이십니다. 그렇게 하시지요." 하고 흔쾌히 동의했으며, 실제로 북측의 적극적인 호응으로 나흘 후 곧바로 남북 직통전화가 개설되었다고 한다.

임동원 전 장관은 "남북 핫라인 개설 이후 최초 6개월 동안에만 전화, 팩시밀리, 인터넷 화상전화 등의 방식으로 최소 200회 이상 교신이 이루어졌으며, 이야말로 당시 정상회담이 이룬 최대의 성과 중 하나"라고 평가하고 있다. 하지만 2008년 11월 김대중 도서관에서 열린 특강에서 임

동원 전 장관은 "이명박 정부 들어 핫라인을 폐쇄하지는 않았겠지만 사용하지 않는 것으로 생각된다"고 말했다. 한편, 중앙일보는 2000년 개설된 남북 정상 간 핫라인이 노무현 정부 후반기에 끊겼다고 보고 있다.
2008년 11월 12일, 북한이 적십자회 성명을 통해 예고한 대로 판문점 적십자 채널을 통한 남북 당국 간 직통전화 라인이 단절되었음이 확인되었다. 이는 앞서 말한 '남북 정상 간 핫라인'과는 다른 것으로 북쪽이 판문점의 적십자 연락대표부를 폐쇄하고 대표를 철수시켰다는 의미다. 판문점 직통전화는 1971년 9월 개통된 이래로 남북의 중심통신망 역할을 수행해왔다. 이산가족 상봉사업의 중요한 매개도 바로 이 전화선이었다.
2008년 2월 2일, 이명박 대통령의 측근으로 알려져 있는 정두언 한나라당 국민소통위원장은 인터넷 포털 '다음'의 아고라에 '우리들의 일그러진 개혁'이라는 글을 올렸다. 그는 이 글에서 "전 지구적인 관점에서 볼 때 북한의 공산주의는 수구 꼴통이다. 그 수구 꼴통인 가치가 우스꽝스럽게도 지금 남한에서는 진보가 되고 있다."라고 전제한 후 "한나라당에도 좌파·친북인사가 있다"라고 주장했다.
인터넷, 위성전화, 로밍과 결합한 휴대전화 중 하나만 액세스할 수 있으면 세계 어디서든 세계 어디와도 커뮤니케이션할 수 있는, 바야흐로 '무한소통'의 시대다.

13 한센인

ⓒ 황문성

1916년
한센병 환자 6,000여 명이
전라남도 소록도에 강제수용된다

ⓒ 황문성

소록도 '갱생원'의 치료법

> 강제노역
> 정관수술
> 낙태
> 손발 절단

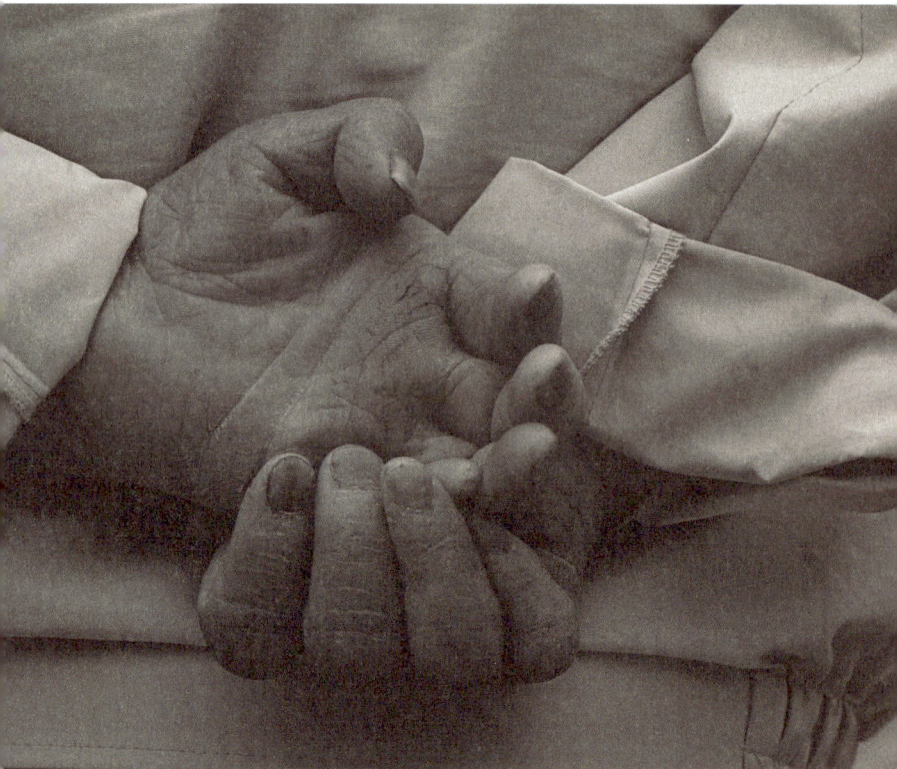

ⓒ 황문성

1945년 해방 직후
창고에 저장된 식량과 약품을 차지하려던 병원직원이
한센인 84명을 학살한다

1949년 9월
형무소 탈옥범들의 강압으로
옷을 바꿔입은 것을 추궁하던 경찰이
한센인 30여 명을 학살한다

1950년 7월
관동교 부근에서 걸식하던 한센인 28명이
군인에게 학살된다

1950년 8~9월
부상당한 경찰이 숨어 있는 곳을 인민군에게 알려준
한센인 40여 명이 군인에게 학살된다

1950년 10월
프락치로 의심받은 한센인 공산주의자 6명이
인민군에게 학살된다

1957년 8월
식량을 얻기 위해
비토리섬을 개간하던 한센인 28명이
주민들에게 학살된다

1961년 박정희 군사혁명정부는
전라남도 오마도의 간척사업에 나와 노역하는 조건으로
소록도 한센인들에게 육지의 땅을 약속한다

손가락이 없는 맨손으로 바다를 메우기 시작한
2,500여 명의 소록도 한센인들…

"나환자들과 육지에서 함께 살 수 없다!"

1964년
선거를 의식한 공화당 정권은
한센인들의 정착을 불허한다

한센병

전염성이 거의 없고 병흔만 남는 피부병…

완치되었지만 병흔 때문에 세상 속으로 돌아오지 못하는,
죽을 때까지 '문둥이' 꼬리표를 달고 살아야 하는,
1,100여 명의 사람들

ⓒ 황문성

● 두 외국인 수녀가 새벽짐을 싸야 했던 사연

2005년 11월, 전남 고흥군 도양읍 소록도에서 나병환자들을 보살펴온 외국인 수녀 두 명이 편지 한 장만 남기고 섬을 떠난다. 두 수녀가 소록도에 머문 기간은 43년이었다. 소록도 주민들은 수녀들이 떠난 뒤 상실감을 이기지 못하고 성당과 치료소에 모여 오랫동안 두 수녀를 위한 기도회를 열었다고 한다.

평생을 소록도에서 나병환자들과 함께해온 그들의 이름은 마리안네 스퇴거(71)와 마가레트 피사렉(70). 처음 소록도에 도착한 것이 마리안네 수녀 1962년, 마가레트 수녀 1966년이었다. 20대의 꽃다운 나이였던 그들은 고향인 오스트리아의 '그리스도왕의 수녀회'를 통해 한국이라는 나라의 한센병 환자촌인 소록도에서 봉사자를 필요로 한다는 소식을 듣고 자원했다. 이윽고 아시아의 작은 나라, 버림받은 작은 섬에 도착한 그들은 평생 그곳에서 살 수밖에 없는 운명을 직감하고 돌아갈 수 없다는 내용의 소식을 여러 번 고향집에 전했다고 한다. 그들은 소록도에서의 삶을 신의 소명으로 받아들인 것이다.

이후 43년 동안 소록도에서 나병환자들과 함께 살았던 그들이 어느날 새벽 아무도 모르게 소록도를 떠난 이유는 "너무 늙어 더 이상 환자들을 잘 도울 수 없을 것 같아서, 그리고 사랑하는 이들에게 이별의 아픔을 주기 싫어서"였다고 한다. 그들은 '사랑하는 친구 은인들에게'란 제목의 편지에 이렇게 적었다.

"나이가 들어 제대로 일을 할 수 없고 우리들이 있는 곳에 부담을 주기 전에 떠나야 한다고 동료들에게 이야기했는데, 이제 그 말을 실천할 때라 생각했습니다. 부족한 외국인으로서 큰 사랑과 존경을 받아 감사하며, 저희들의 부족함으로 마음 아프게 해드렸던 일에 대해 이 편지로 용서를 빕니다."

떠나기 전부터 소록도 주민들에게 이별을 암시해온 그들은 평소 요란한 환송행사가 주민들에게 누가 될까, 괜스레 언론에 알려져 시끄러워질까 염려했었다고 한다. 물론 그들의 일생을 건 헌신과 봉사는 이미 많은 이

들에게 알려져 있다. 한국정부도 그들에게 1972년에 국민포장, 1996년에 국민훈장 모란장을 수여한 바 있다. 하지만 오스트리아 정부가 훈장을 서훈했을 때는 완강한 수상 거부로 주한 오스트리아 대사가 섬까지 찾아와서 전해주었다는 일화도 있다.

1960년대 당시 6,000여 명이 넘는 나병환자들과 그 가족들로 가득했던 소록도는 같은 나라 사람들조차 접근을 꺼리던 곳이었다. 국가적 지원이나 사회적 보살핌은 찾아볼 수도 없었다. 하지만 타국에서 기꺼이 달려온 두 수녀는 이후 평생을 '마리안네 & 마가레트'라는 표찰이 붙은 방에서 생활하면서 하루도 빠짐없이 소록도의 환자들을 성심으로 보살폈다. 환자들이 말리는데도 약을 꼼꼼히 발라야 한다며 장갑도 끼지 않은 채 상처를 치료하고 마을일이라면 항상 앞장서는 등 주민들이 삶은 돕기 위해서라면 무엇이든 닥치는 대로 했다. 전라도사투리를 천연덕스럽게 구사하는 두 수녀를 주민들은 '할매'라고 부르며 가족같이 여겼다고 한다. 떠날 때 그들의 두 손에는 40여 년 전 섬에 들어올 때 가져왔던 낡은 가방 하나씩만 들려 있었다고 한다. 그들은 현재 고향 오스트리아 인스부르크에 머물고 있으며, 얼마 전 소록도 앞바다와 그곳의 사람들을 그리워하면서 조용히 삶의 끝자락을 매만지고 있다는 근황을 전해왔다고 한다.

● 대한민국에서 '문둥이'로 살아간다는 것

오랫동안 문둥병 혹은 나병이라고 불렸던 한센병은 이제껏 금기와 외면, 삭제의 기록만을 가진 '악마의 병'이었다. 한국에서 한센병에 대한 현대적 의미에서의 '관리'가 시작된 것은 구한말부터다. 서구의학의 영향을 받아 1909년 광주의 제중병원장 R.M. 윌슨이 광주나병원을 설립하였고,

이어서 1911년 스코틀랜드의 선교사 맥킨지가 부산나병원을 설립하였다. 이후 미국인 선교사 A.G. 플레처에 의해 1913년 대구나병원이 설립되는 등 본격적인 치료시설들이 생겨났다.

일제시대인 1916년 조선총독부에 의해 전남 소록도에 자혜의원이 설립되면서 엄격한 격리를 통한 나병 치료활동이 본격적으로 시작되었다. 1928년에는 조선나병근절책연구회가 발족되어 민간 차원의 구라救癩활동이 시작되었는데, 조선총독부도 이에 호응하여 1932년 조선나예방협회를 설립하였다.

1933년 일제는 소록도 섬 전체를 매입하여 대대적인 한센인 수용계획을 수립하고 1935년 조선나예방령을 발효, 한센병 환자들을 소록도에 강제 수용하기 시작했다. 소록도 원장에게는 총독부의 지원 하에 실로 막강한 권력이 주어졌는데, 그때부터 치료와 전염 차단이라는 명목으로 비인권적인 인권박탈의 역사가 시작되었다. 환자들에 대한 감식, 감금, 구타 등 갖가지 징벌들이 횡행했으며, 초기에는 6,000여 명에 달하는 수용인들에게 과도한 강제노역까지 강제되었다. 당시 소록도에는 한센인 이외에도 일종의 정치범들이 수감된 사례가 있었던 것으로 알려졌다.

해방 전인 1942년 6월 20일에는 소록도 갱생원장 스보 마사스에가 수용인인 한국인 이상춘에게 살해당한 사건이 있었다. 극심한 강제노역과 통제, '관리'라는 명목으로 자행되는 일상화된 폭력에 대한 우발적인 저항이었다. 아직도 소록도에는 신사神社가 남아 있다.

해방 후, 일제 하에서 경찰행정의 일부로 취급되었던 보건행정이 복지행정으로 개편되면서 구라사업은 질적인 진전을 보이기 시작한다. 1948년 대한나예방협회가 창립되었고, 1934년에 국립소록도갱생원으로 확대·개편된 소록도 자혜의원이 1949년에는 중앙나요양소로 개칭되었다가 다시 국립소록도병원으로 발전하게 된다. 그러나 해방과 전쟁으로 이어진 혼란상황에서 여전히 한센인들은 해소되지 않은 사회적 편견과 폭력적인 배척의 대상에서 벗어나지 못한 채 반복적으로 이유 없는 핍박과 학살의 희생양이 되어야 했다.

한국전쟁 이후 성나자로요양원 등 한센병 요양원 및 정착촌이 전국 곳곳에 설치됨으로써 '격리·구호·치료'라는 현대적 개념의 구라사업이 실시되고 있다. 현재 나환자를 위한 치료기관으로는 국립소록도병원을 주축으로 대한나관리협회의 진료소 등이 있다.

2005년 국가인권위원회는 1917년부터 1945년까지 소록도에서 벌어졌던 인권침해 사례를 다룬 '한센인권실태조사보고서'를 제출한바, 이에 열거된 대표적인 인권침해 사례로는 강제노역, 정관결찰(남성불임수술)과 난관결찰(여성불임수술), 강제낙태, 감금 및 구타 등이 있다. 해방 이후 대한민국정부가 수립된 이후에도 나환자의 강제 구금 및 구속에 관한 법규는 1963년까지 존속했다.

한편, 최근 약 110명의 소록도병원 재원 병력자들이 일본정부를 상대로 소송을 제기했다. 현지에서 소송을 이끌었던 일본인 변호사들과 국내 인권변호사들의 지원 노력으로 현재까지 67명에게 보상금 지급 판결이 내려졌다. 그러나 해방 이후 대한민국 치하에서 벌어진 또 다른 인권침해 사례들에 대한 명확한 조사와 피해보상에 대해서는 아직 더 많은 조사가 필요한 상황이다.

신을 벗으면
버드나무 밑에서 지까다비를 벗으면
발꼬락이 또 한 개 없어졌다

앞으로 남은 두 개의 발꼬락이 잘릴 때까지
가도 가도 천리 먼 전라도 길

'문둥이 시인'으로 잘 알려진 한하운이 노래했던 「전라도 길」은 소록도로 향하던 한센인들의 고행길이었다. 일반인들의 편견과 차별은 차치하고라도 '관리'라는 명분 하에 정책적 차원에서 한센인들에게 오랫동안 행해졌던 차별과 박해는 사회진화론 내지 우생학에 입각한 단종법斷種法에 다름아니었다.

2008년, 역사와 사회로부터 존재마저 거부당한 채 살아온 소록도 한센인들의 삶과 애환을 다룬 박정숙 감독의 다큐멘터리 〈동백 아가씨〉가 개봉되었다.

● 하늘이 아닌, 사회가 내린 천형

예수께서 예루살렘으로 가실 때에 사마리아와 갈릴리 사이로 지나가시다가 한 촌에 들어가시니 문둥병자 열 명이 예수를 만나 멀리 서서 소리를 높여 가로되 예수 선생님이여 우리를 긍휼히 여기소서 하거늘 보시고 가라사대 가서 제사장들에게 너희 몸을 보이라 하셨더니 저희가 가다가 깨끗함을 받은지라 그 중에 하나가 자기의 나은 것을 보고 큰 소리로 하나님께 영광을 돌리며 예수의 발아래 엎드리어 사례하니 저는 사마리아인이라 예수께서 대답하여 가라사대 열 사람이 다 깨끗함을 받지 아니하였느냐 그 아홉은 어디 있느냐 이 이방인 외에는 하나님께 영광을 돌리러 돌아온 자가 없느냐 하시고 그에게 이르시되 일어나 가라 네 믿음이 너를 구원하였느니라 하시더라

- 누가, 17:11-19

기독교 성경 안에서 '사마리아'는 버림받은 땅이자 구원을 받지 못하는 이방의 백성들을 의미하며 '문둥병자'는 죄인을 상징한다. 위의 성경구절은 이방의 버림받은 죄인조차 성심으로 예수를 영접하고 그 은혜를 증거하면 구원을 받을 수 있다는 의미를 담고 있다.

한센병Hansen's disease으로도 불리는 나병癩病, Leprosy은 단순한 질병 또는 전염병을 넘어 어원인 라틴어 'leprosia'가 상징하듯 기독교 세계관 속에서 오랫동안 도덕적 부패와 타락의 상징이었다. 동양에서는 치료가 불가능하고 그 병변이 끔찍하다 하여 천형병天刑病으로도 불렀다. 하지만 1871년 노르웨이의 의사 A.G.H. 한센이 밝혔듯이 나병은 말초신경과 피부 및 기타 부위의 조직에 침범하는 세균성 질환일 뿐이다.

물론 나균은 만성적으로 세대증식을 하며 몇 년간의 잠복기와 장기간의 경과를 가진다는 점에서 특별히 취급되어야 할 질병임에는 틀림없다. 특히 실험실 인공배양이 어려워 현대의학으로도 완전한 퇴치에는 이르지 못하고 있는 형편이다. 세균성 질환이므로 사람으로부터 사람에게 옮기는 전염성 질병으로 분류되어야 마땅하지만, 세균의 전파력이 극히 약하

나병

고 면역이 약한 극소수의 사람만이 장기간 나균에 직접적으로 노출되었을 경우에 한해 전염되는 것으로 알려져 있어 아성 전염병으로 간주하기에는 무리가 있다는 것이 세계 의학계의 중론이다. 나균의 인공배양이 어려운 것도 그만큼 자연적으로 쉽게 사멸하기 때문이다.

현재 한국의 한센병 전력자는 약 16,000명으로 집계되고 있으며, 치료받고 있는 사람은 약 500명 내외로 추산된다. 국내에서 새롭게 발병하는 환자들의 나이는 평균 60세 이상이고, 한센병 전염의 지표라고 볼 수 있는 '14세 이하 환자'는 최근에 발생한 적이 없다고 한다. 또한 최근 더욱 발달된 치료약과 예방의학 덕분에 발병하더라도 전염성은 거의 없는 것으로 여겨진다.

한편, 소록도를 비롯하여 한센인 정착촌은 전국에 80개 이상 존재하는 것으로 알려져 있다. 여전히 대부분이 법적인 보호와 관리의 사각지대에 놓여 있는 실정이다.

채규태 한센병연구소 소장은 2006년 9월 국가인권위 토론회에서 다음과 같이 말했다. "사회 각계각층에서 느끼는 그 병은 의학적인 병이 아니라 사회적인 병이 되어 있다."

14

용서의 조건

기억
책임
그리고 미래

2차대전 당시
사상 최대규모의 강제노동과
무자비한 학살이 자행됐던
독일 부켄발트 수용소

연합군이 수용소를 해방시킨 바로 그 시각
오후 3시 15분에
수용소의 시계가 멈췄다

오랜 세월이 지나
박물관이 된 수용소…
고스란히 복원된
시체소각장…
해부테이블…

박물관을 견학하며
자신들이 저지른 일을
끊임없이 기억하는 독일인들…

시간이 아무리 지나도
그들의 기억은
1945년 4월 11일 오후 3시 15분에
멈춰 있다

1970년
폴란드 바르샤바
게토 기념탑 앞
독일 총리 빌리 브란트는
숙연한 얼굴로 무릎을 꿇었다

"전쟁의 책임이 이전 세대에 있다 하더라도
독일 국민이 직답책임에서 면책될 수는 없다."
1985년 리하르트 바이츠체커 대통령

"독일인들이 폴란드인들에게 행한 잘못들에 대해 용서를 빈다."
1994년 로만 헤르초크 대통령

"독일은 나치의 만행을 잊어서도 안 되고
잊으려 하지도 않는다."
1998년 헬무트 콜 총리

"과거 폴란드에 헤아릴 수 없는 고통을 준 점에 대해
머리 숙여 사과한다."
2004년 게르하르트 슈뢰더 총리

5:1의 경쟁률을 뚫고 마주한
독일, 프랑스, 폴란드에서 온
100명의 젊은이들은
파리에서 베를린, 바르샤바에 이르는
3,000킬로미터의 여행을 시작한다
'역사'를 바로보기 위해서

트리뎀 랠리 2005

2차대전 당시 나치 하에서 신음하던
파리 노트르담 대성당 앞에서 출발
두 명이 한 대의 자동차를 타고
과거의 가해자와 피해자로 돌아가
역사의 현장으로 떠나는 14일간의 여정

"2차대전을 제대로 가르치기 위한
독일 역사교육의 또 한 부분 아닐까요?
독일은 폴란드를 침략한 가해국이라는 걸
독일인들 스스로 인정하고 반성한다는
의미인 것 같아요."

트리뎀 랠리 2005에 참가한 한 독일 여학생

전후배상과 관련하여
국가 간 법적 문제는 이미 해결되었지만
2000년 독일정부와 독일기업들은
100억 마르크(약 6조 원)의 기금을 마련하여
2차대전 당시 독일정부와 기업들에 강제징용된 이들에 대한
도의적 배상을 책임지고 있다

기억 Erinnerung

책임 Verantwortung

그리고 미래는 und Zukunft

바로 그 재단의 이름이다

*최근 가장 좋아하는 나라를 묻는 여론조사에서 프랑스인들 중 약 60%가 2차대전 당시 적국인 독일을 선택했다.

● 국화와 칼의 게임은 계속된다

전쟁은 승자독식勝者獨食의 게임이다. 제2차 세계대전이 끝나고 미국, 소련 및 서유럽 각국을 포함한 '연합국'은 승전국이 되었고, 독일과 일본의 '추축국樞軸國, Axis-Powers'은 패전국이 되었다. 전후보상과 관련된 각종 협정과 추상 같은 전범재판이 뒤따랐음은 물론이다. 하지만 연합국의 최대 기여자인 미국(군정)은 패전국의 정치안정 및 경제재건에 필요하다는 이유로 전범들을 상당수 복권시켜 다시 요직에 기용한다. 이로써 독일과 일본의 '과거청산' 내지 '역사청산'에는 적지 않은 차질이 생기고 국론은 잠재적인 분열상황에 처한다. 이후 두 나라는 전후재건의 불안한 여정에 오르게 된다.

독일의 경우, 상당수의 나치 인사들이 전후에 시작된 냉전질서를 이용해 전쟁 중 탄압한 유대인들을 소련의 스파이로 몰면서 정치적 생명을 이어간 사례도 없지 않았다. 하지만 나치의 홀로코스트(유대인 학살)라는 엄중한 역사 앞에서 현재까지도 책임있는 인사들과 기업들의 반성, 사과, 보상은 계속되고 있다.

독일에 비해 일본의 과거청산 방식은 많이 다르다. 한국은 승전국으로 분류되지는 못했지만 일본의 식민지로 전쟁기간 중에 극심한 피해를 입은 엄연한 피해당사국으로서 일본의 국화와 칼이라는 양면성에 아직도 일희일비하는 처지에 있다. 그리고 일본의 이러한 태도는 다름아닌 한국 정부가 선사한 면죄부에 근거하고 있다.

● 3억 달러에 팔린 역사

한일협정의 정식명칭은 한일기본조약韓日基本條約, Treaty on Basic Relations between South Korea and Japan으로, 전후 대한민국과 일본이 일반적인 국교관계를 회복하기 위해 1965년 6월 22일에 조인한 조약이다.

한국전쟁이 한창이던 1951년 10월 20일, 한국정부는 연합군최고사령부SCAP의 중재 하에 도쿄에서 처음으로 일본과 공식 대좌를 통해 한일수교협상을 시작한다. 그리고 1965년 6월 22일, 당시 이동원 외무장관과 시이나 에쓰사부로椎名悦三郎 외상이 도쿄의 일본총리 관저에서 한일협정에 서명함으로써 협상은 그 막을

1965년 한일협정에 서명하는 박정희 전 대통령

내렸다. 장장 13년 8개월이라는 시간이 걸린 지난한 협상이었다.

박정희 정권 집권 4년차에 종결된 한일협정은 1962년 11월 12일 당시 김종필 중앙정보부장과 오히라 마사요시大平正芳 일본 외상 간의 회담과 그 부산물인 이른바 김-오히라 메모가 분수령이 됐다. 전후보상청구권 액수를 놓고 한국이 7억 달러를 요구하고 일본은 7,000만 달러가 상한선이라고 맞서면서 회담이 교착된 상황에서 문제의 '김-오히라 메모'는 청구권 금액을 '무상 3억 달러, 유상 2억 달러, 상업차관 1억 달러 이상'으로 합의해 회담의 돌파구를 텄다. 이 금액은 추후 협상과정에서 상업차관 부분만 3억 달러로 최종정리된 것으로 알려졌다.

박정희 정권은 당시 김-오히라 메모를 포함한 회담 전 과정 전체를 비밀에 부쳐 6.3사태라는 격렬한 반대시위에 직면했다. 대학생을 중심으로 한 한일협정 반대시위 진영은 "3억 달러에 민족의 자존심을 팔았다"고 주장하며 협정 무효를 외쳤다. 하지만 박정희 정권은 '굴욕회담'과 '구걸외교'를 규탄하는 국민의 데모를 위수령과 계엄령으로 차단하고 기어이 한일협정에 서명했다.

막대한 경제협력자금을 배상 차원으로 받아냄으로써 1970년대 경제발전의 기초를 이루었다는 점에서 한일협정의 긍정적인 면을 평가할 수는 있으나, 사실상 일제 강제동원 피해자 보상 문제에서부터 작게는 일본군 위안부와 사할린동포 문제, 대한민국 정부의 한반도 유일 합법정부 조

항 논란, 문화재 반환 문제, 재일교포의 법적 지위 문제, 독도 문제 등 산적한 식민지시대의 잔재에 대한 명확한 해결을 외면한 것이었다. 이에 한일협정은 오늘날까지도 '과거사'라는 역사적 숙제를 남겼다는 비판에서 자유롭지 못하다. 특히 한일합방이 '원천무효'임을 명시하지 않아 일본으로 하여금 과거의 식민통치를 합리화할 수 있는 빌미를 준 점은 한일협정의 결정적인 과오라 할 수 있다. 지금 이 순간에도 거듭되는 일본 유력정치인들의 망언과 독도 시비는 거슬러 올라가 한일협정의 몰역사적 내용 때문이라고도 볼 수 있다.

● 뒤늦게 드러난 졸속의 이유

2005년 1월 17일, 한국과 일본이 1965년 체결한 한일협정 관련 일부 문서가 40년 만에 일반에게 공개됐다.
문서에는 한국정부가 강제징용 피해자 103만 명에 대한 보상금을 일본으로부터 받게 된다고 나와 있다. 그러나 박정희 정부로부터 보상을 받은 사람은 1만 명도 채 되지 않았다. 당시 한국정부가 한국인 피해자에 대해 3억6,400만 달러의 피해보상을 일본에 요구하고도 청구권 자금의 국내사용 계획에는 이를 전혀 반영하지 않았다는 사실도 밝혀졌다. 일본 청구권 자금 중 무상으로 3억 달러를 쓴 대표적 기업으로는 1억1,948만 달러를 사용한 포항제철(현 포스코)과 689만 달러를 사용한 한국도로공사가 있다.
또한 문서에서 일본 측은 자금 제공이 '전후보상 청구'가 아닌 '경제협력' 차원이라는 점을 강조했으며 한국정부가 사실상 개인청구권을 포기하면서 협상을 진행시켰다는 사실도 드러났다. 한마디로 돈이 급한 박정희 정권은 한일합방이 법적으로 원천무효임을 문서로 명시하지 않은 것은 물론 독도 및 정신대 문제, 재일교포 법적 지위 등 다수의 과거사 청산 문제에 대해서도 아무런 규정 없이 유야무야 넘겨버린 셈이다. 특히 개인적 전후보상 문제를 박정희 정권이 일괄적으로 대신하겠다고 하고

전범기업

서 그 자금의 대부분을 특정 기업에 무상으로 지원한 것은 사기행위에 가까운 것이었다. 이 협정을 근거로 일본은 지금까지도 위안부 문제나 기타 배상문제에 대하여 "한일협정을 통해 이미 모두 해결했다"라는 입장을 일관되게 취하고 있다.

노무현의 참여정부가 들어서면서 과거사 해결에 대한 국가 차원의 적극적인 접근이 시도되었다. 2004년 국무총리 산하에 설치된 '일제강점하강제동원피해진상규명위원회'가 그 대표적인 사례다. 여전히 '피해배상'이 아니라 '진상규명'의 차원이긴 했지만 국가 차원에서 공식적인 진상조사와 피해 신고 등을 최초로 시도했다는 점에서 평가받을 만하다.

한편, 2008년 이명박 대통령은 한일정상회담에서 일본 정부와 '실용적'인 새로운 관계 모색을 하겠다며 "재차 사죄와 배상문제를 거론하지 않겠다"는 의사를 표명했다. 2009년 1월에는 이명박 대통령이 전년도에 있었던 방일 중 일본에 재차 사죄를 요구하지 않겠다고 "서약했다"는 기사가 나오기도 했다.

역시 2009년 1월 서울에서 열릴 예정이었던 한일정상회담에 즈음하여 일본의 미쓰비시 중공업이 아리랑3호 위성발사 용역업체로 확정되었다. 한국의 입장에서 볼 때 미쓰비시 중공업은 근로정신대 강제동원과 관련하여 아직까지도 전혀 배상책임을 지지 않고 있는 엄연한 전범기업이다. 1944년부터 300여 명의 조선 소녀들은 근로정신대로 끌려가 나고야의 미쓰비시 항공제작소에서 강제노역을 했다. 1998년 한국의 근로정신대 피해자들은 이 회사의 사과와 보상을 요구하며 일본 법원에 소송을 냈지만 2008년 11월 일본최고재판소가 10년 만에 이 소송을 기각한 바 있다.

특히 일본이 외국 위성발사용역을 수주한 것이 이번이 처음이며, 한국이 기존에 러시아 측과의 관계를 파하고 전격 진행했다는 사실이 알려져 세간에 논란과 의혹이 더욱 증폭되고 있는 상황이다.

40여 년 전 체결된 한일협정이 당대에 엄청난 반대에 직면하고 오늘날까지 한일관계를 왜곡시키는 원죄로 기능하고 있는 것은 당시 정부가 명분으로 내세웠던 '실용'과 '실익'이 역사와 철학을 전제로 한 것이 아니었기 때문이다.

15

토론의 달인

10명이 모이면
11가지 의견이 나오는
아주 피곤한 민족

ⓒ TMNK 2009 ® All right reserved

밤이면 귀족들의 집에 모여
낮이면 광장에 모여
싸우듯 치열한 대화를 나누던
고대 그리스인들

acros + polis

아테네 시가 한눈에 내려다보이는
해발 60~70미터의 석회암지대

가장 높은 + 곳

아크로폴리스 광장에서 시민들은
정치·군사·종교에 대해 토론하고
투표를 했다

그리고
높디높은 광장 아래 위치한
또 하나의 광장
agora

상인들, 광대, 무용수, 마술사들…
흥겨운 축제의 분위기 속에서
누군가가 토론을 시작한다

주제별로 무리지어 모여드는 시민들…
공개적으로 오가는 각종 정보들…

국정을 책임지는 관료들…
정치현안에 관심을 보이는 시민들…

물건을 사러 나온 사람들이
세상 돌아가는 이야기를 나누고
'토론의 달인'이라 불리던
소피스트들의 강연이 이어졌다

토론에 정답은 없다
하지만 누구도 양보하지 않는다
찬성과 반대가
그저 돌의 색깔로 집계될 뿐

어느 방법이 옳은지를 따지다가
정작 일을 하지 못하는 경우도 있었고
일상화된 토론이
때로는 생활의 장애물로 여겨지기도 했다

하지만
어수선하고 산만하여
시간을 낭비하는 듯 보이는 '토론의 비효율' 속에서
늘 '옳고 그름' '참과 거짓'이 밝혀지곤 했다

민주주의의 본적지
그리스의 아고라는
단순한 공간이 아니라
소통과 토론을 통해
상호이해와 화합이 생명을 얻는 현장이었다

현대인들은 그 광장을
'민주주의의 산실'이라고 부른다

● 사이버 아고라를 달군 촛불논객들

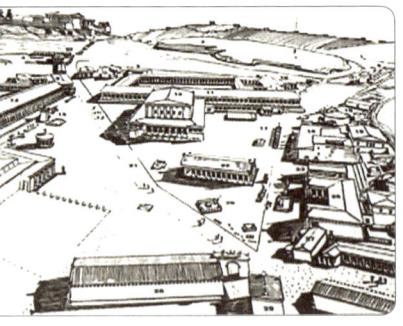

고대 그리스의 거대한 집회장 개념으로 우리에게 알려진 아고라Agora는 원래 공간적 의미뿐 아니라 그 안에서 벌어지는 행위들을 통칭하는 개념이었다. 아고라는 도시 한복판이나 항구 근처에 마련된 공간으로 기둥과 벽으로 이루어진 주랑으로 둘러싸인 일종의 시장과 같은 형태였다. 일상적인 종교활동이나 정치행사, 사교, 상업활동들을 모두 아고라에서 향유한 고대 그리스인들은 아고라를 하나의 공간이자 일상적 행위 자체로 이해했으며 민주적인 시민정신의 상징으로 여겼다. '역사학의 아버지'라 불리는 헤로도토스Herodotos는 아고라야말로 그리스인과 비그리스인을 구별하는 잣대라고 말한 바 있다. 이러한 아고라의 특징 때문에 후인들은 아고라를 정치적으로 자유롭게 열려 있는, 일상적이고 민주적인 소통의 장으로 이해하게 되었다. 한편, 고대 로마에는 그리스의 아고라와 비슷한 개념으로 포룸Forum이라는 공간이 있었다. 로마의 포룸 또한 시장과 집회장으로 사용된 공간이었다.

한국 최대의 인터넷포털 중 하나인 '다음'은 공개토론 게시판서비스의 이름을 '아고라'라 명명했다. 누구나 자유롭게 자신의 의견을 펼칠 수 있는 분야별 토론방과 그 글에 댓글을 달 수 있는 시스템 그리고 찬성과 반대의 의사표시를 통해 '베스트 게시물'을 뽑아 더 많은 이들에게 노출시키는 토론방식 등을 아우른 작명이라 할 수 있겠다. 실제로 사뭇 자율적이고 민주적인 방식의 '다음 아고라'는 고대 그리스의 아고라의 의미와 닮아 있다. 다음 아고라는 특히 2008년 초반 온 나라를 뜨겁게 달궜던 이른바 촛불정국 속에서 시민들을 위한 활발한 공론장으로 기능함으로써 인터넷공간뿐만 아니라 제도정치권의 주목을 받기도 했다.

● '리·만 브러더스' vs '인터넷 경제대통령'

2009년 1월 15일 다음 아고라의 '경방(경제토론방)고수 미네르바'와 변호인들이 법원에 청구한 구속적부심이 기각되었다. 2008년부터 100여 회에 걸쳐 다음 아고라에서 이명박 정부의 경제정책을 비판한 것은 물론 주식시장과 환율에 대한 비관적 예측을 올렸던 미네르바는 2008년 12월 29일 "정부가 금융기관에 달러 매수 금지명령을 내렸다"는 내용의 공문 형식의 허위게시물을 올린 혐의로 2009년 1월 현재 구속수감되어 조사를 받고 있는 상태다.

미네르바는 리먼브러더스의 파산과 달러 대비 원화가치의 급락 등을 정확히 예견함으로써 인터넷공간과 언론의 폭발적인 주목을 받기 시작했다. 또한 후보시절 "내가 대통령이 되면 2008년에 주가지수가 3,000까지 가고 임기 내에 5,000까지 만들 수 있다"고 호언장담한데다 임기중 미국발 금융위기가 한창일 때도 "지금 주식을 사면 1년 안에 부자가 될 수 있다"고 말했던 이명박 대통령 및 강만수 기획재정부장관과 곧잘 비교되며 네티즌들로부터 경제대통령이라는 찬사까지 받았던 인물이다. 대부분의 네티즌과 정부기관의 예상과는 달리 30대의 평범한 청년이었고, 금융계에 종사하지도 않았으며, 경제학이나 실물경제에 대해서도 독학으로 공부했다는 것이 구속수사 과정에서 밝혀져 다시 한 번 세간의 화제가 되기도 했다.

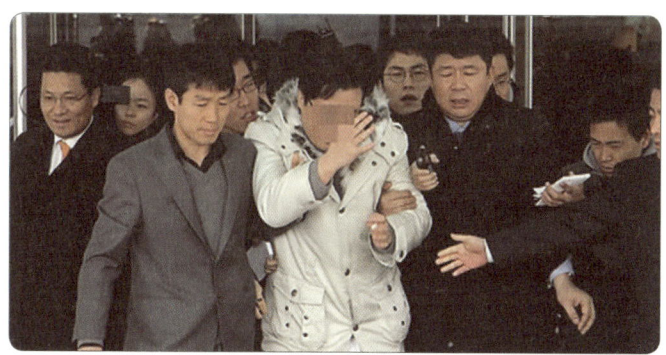

● 미네르바의 부엉이는 황혼이 되어서야 날아오른다

'미네르바'는 그리스로마 신화에 등장하는 올림포스 12신 중 하나인 '아테나'의 로마식 표기다. 제신諸神의 왕 제우스와 해신海神 오케아노스의 딸 메티스 사이에서 태어난 아테나는 방패 아이기스에 괴물 고르곤의 목을 달고 다니며 전차를 비롯한 다양한 전쟁무기를 발명한 전쟁의 여신이고, 방적·직조·도공·금세공 등에 관한 다양한 기술을 인류에 전해준 기술의 여신이며, 더 나아가 지성과 지혜의 여신으로도 불린다. 아테네, 즉 미네르바의 상징물은 부엉이인데, **미네르바의 부엉이**는 세상을 살피고 세상에 신의 말을 전하는 사자이자 전령이었다.

독일 근대철학을 집대성한 게오르그 헤겔Georg W. F. Hegel은 1821년 『법철학』 서문에서 "미네르바의 부엉이는 황혼이 되어서야 날아오른다"라고 썼다. 그리고 훗날 카를 마르크스Karl H. Marx가 『헤겔 법철학 비판』이라는 책을 통해 다시 한 번 이 문장을 언급하면서 이는 서양철학사에 있어 매우 의미심장한 문장이 되었다. 지성과 지혜의 상징인 미네르바의 부엉이가 황혼이 되어서야 날아오른다는 말은, 모든 사회적인 현상과 사건들은 그 사태의 끝무렵이 되어서야 정확하게 그 실체를 알 수 있게 된다는 의미다. 모든 지식과 지혜란 사회적 현상에 앞서 존재하는 것이 아니라 그 뒤에서 그것을 분석하고 판단하는 잣대일 뿐이라는 소극적인 입장의 표현으로 이해할 수도 있다.

● 경제학, 점성술 그리고 '생각범죄'

미국의 경제학자 안드레 군더 프랑크Andre Gunder Frank는 「경제학을 점성

술에 비교하는 것은 모독이다 – 점성술가에게」라는 논문에서 "경제학적 예측의 유일한 역할은 점성술을 더욱 대단하게 보이도록 만든다는 것이다The only function of economic forecasting is to make astrololgy look respcetable"라고 말했다. 경제는 그만큼 예측하기 어렵다는 뜻이거니와 과거의 패턴을 통해 미래의 경제를 예측하려는 모든 경제학적 시도는 필연적으로 실패할 수밖에 없다는 의미다. 이는 "미네르바의 부엉이는 황혼이 되어서야 날아오른다"라는 말과도 일맥상통한다고 할 수 있다.

그렇게 보자면, 2008년 대한민국에서 한 해 동안 가장 뜨거웠던 이슈가 '아고라'와 '미네르바'였다는 사실은 매우 의미심장하다. 앞서 짚어보았던 바, '아고라'는 민주주의의 은유이고 '미네르바'는 결과론적 진리의 은유이며, '논객 미네르바'는 정부의 낙관적인 경제예측을 비웃으며 비관적인 경제예측을 '다음 아고라'에 쏟아냈다는 이유로 구속수감되었다.

국내에서 위헌논란이 뜨겁게 번지고 있는 가운데 외신들은 "한국정부가 부정적인 의견을 내놓는 언론과 인터넷여론을 척결하려는 과정에서 불쉰 사선"(파이낸셜타임스 아시아판), "금융위기의 타격으로 한국정부가 부정적 언론보도에 과민하게 반응하고 있다"(로이터) 등 일제히 비판적인 논평을 실었다. 특히 로이터는 해당 기사를 '희한한 뉴스Oddly enough' 면에 실어 한국의 미네르바 사건을 보는 외신의 시각을 상징적으로 보여주었다. 한편, 외국의 한 블로거는 대한민국의 '미네르바 사태'를 소개하며 thought crime이라는 표현을 사용했다. 맥락상 '사상범죄'라는 의미라기보다는 '생각범죄'라는 의미로 읽어야 할 듯하다.

● 공간적 고유명사에서 이념적 추상명사로

1980년대 대한민국에서 유명했던 또 하나의 그리스어로 '아크로폴리스 Acropolis'가 있다. 고대 그리스의 아크로폴리스는 원래 아테네의 가장 높은 언덕에 위치해 신전 등 종교건물과 주요 관공서가 모여 있던 곳으로 일종의 요새로 신성시되었다.

서울대학교 관악캠퍼스의 중앙도서관과 학교본부 사이의 광장과 같은 공간을 부르는 이름은 '아크로'다. 군사독재정권의 탄압이 절정일 때 서울대 아크로 광장은 학생운동의 상징과도 같은 곳이었다. 서울대의 모든 집회는 여기서 출발했으며, 학교에 난입한 경찰병력이 집회의 원천봉쇄를 위해 가장 먼저 점령하는 곳도 바로 이곳이었다. 서울대 민주화운동의 성지로 불리며 1980년대부터 1990년대까지 한국 학생운동을 상징하는 아이콘이었던 서울대 아크로 광장 주변에는 지금도 1986년 4월 분신했던 김세진·이재호의 추모비와 고문치사로 6월 항쟁의 도화선이 되었던 박종철의 추모비가 놓여 있다.

정치적 토론이나 발언 자체가 원천봉쇄되었던 1970~1980년대 군사정권 시기, 이 땅의 대학생들은 아고라의 토론과 아크로폴리스의 직접민주주의 같은 것들을 갈망하지 않을 수 없었을 것이다. 그렇게 고대 그리스의 공간적 고유명사들은 먼훗날 동북아시아의 젊은이들 사이에서 이념적 추상명사로 복원되었다.

● 디케의 눈

서울대에는 이외에도 1980년대 학생운동과 집회 과정에서 이름이 붙여진 많은 광장들이 있다. 사회대 앞의 광장은 '아고라', 공대 앞의 벽돌로 만들어진 광장은 '붉은광장'이다. 모스크바의 붉은광장에서 따온 것이기도 하지만, 실제로 벽돌바닥이 붉은색이기도 하다. 법대 앞의 작은 공간은 '정의의 광장'으로 불린다. "하늘이 무너져도 정의는 세워라"라는 문구가 새겨진 '정의의 종'이 서 있는 광장이다. 이는 그 어떠한 시류와 사익, 외압에 굴하지 않고 올곧은 법정신을 지켜나가야 한다는 법조인들의 의무와 사명을 명시한 법언으로, 16세기 독일 황제 페르디난트 1세의 표어였던 즉 "세상이 망해도 정의를 지키게 하옵소서"("Fiat justitia, pereat mundus(Let justice be done though heaven fall)")에서 유래했다. 인터넷논객 미네르바에 대한 검찰의 체포·구속 그리고 법원의 구속영장

발부의 법적 근거는 "공익을 해칠 목적으로 전기통신설비를 이용해 공공연히 허위의 통신을 했을 때 5년 이하의 징역과 5천만 원 이하의 벌금에 처한다"라는 내용의 전기통신법 47조 1항이다. 여기서 특히 논란이 되는 것은 '공익을 해칠 목적'이라는, 법조문이라고 보기에는 지나치게 추상적인 대목이다. 검찰은 미네르바의 게시물이 국가신인도를 현저히 추락시키고 외환당국에 20억 달러에 이르는 손실을 야기함으로써 '공익을 해쳤다'고 주장하고 있는데 반해 미네르바와 변호인 측은 서민들의 투자 혼란과 경제적 피해를 줄여주고자 하는 '공익적 목적'으로 일련의 게시물을 올린 것이라 주장하고 있다.

그리스 신화에 나오는 디케Dike는 제우스와 율법의 여신 테미스 사이에서 태어난 '정의의 여신'으로, 그리스어로도 '정의' '정도正道'의 뜻이며 로마 신화로 넘어가 유스티티아Justitia라는 이름을 얻어 영어 'justice'의 어원이 되었다. 그는 인간세상에 분쟁이 생길 때마다 천칭으로 옳고 그름을 가렸는데, 이러한 상징성에 힘입어 오늘날 법정신의 아이콘이 되었다.

2006년 한겨레신문에 피의자의 인권을 강조한 '수사 제대로 받는 법'이라는 연재칼럼을 기고했다는 이유로 검찰 내부로부터 적잖은 압력을 받은 것으로 알려진 금태섭 전 서울지검 검사는 결국 변호사로 개업한 뒤 『디케의 눈』이라는 책을 썼다. 책에서 그는 법의 상징인 디케가 눈을 가리고 있는 이유에 대해, 단순한 공정성의 의미를 넘어 아무리 진실을 찾기 위해 최선을 다한다 하더라도 때로는 틀릴 수 있으므로 법은 깨지기 쉬운 유리처럼 위험하고 조심스럽게 다루어야 한다는 의미라고 확대해석한 바 있다.

대한민국 대법원 청사에 놓여 있는 정의의 여신상(박충흠 작, 1995)은 다른 여러 나라들의 예와 달리 의자에 앉아 있으며, 눈가리개 없이 두 눈을 번쩍 뜨고 있다.

16
뉴딜

큰 정부와
가난한 국민 사이의
새로운 약속

폭락한 주식을 움켜쥐고 울부짖는 사람들…
1,500만 명의 실업자…
거리마다 길게 늘어선 배급행렬…
역사상 최악의 미국

공포와 불안과 절망이 지배하던
대공황의 시대…

"우리가 두려워해야 할 것은
두려움 그 자체입니다."

프랭클린 루스벨트 대통령은
정부와 국민 사이의 새로운 관계를 제안한다

NEW DEAL

건설경기 부양과
일자리 제공을 위해 벌이는
대규모 토목공사

뉴딜의 주인공은
경쟁에서 패배해 시장에서 퇴출당한
실업자들…
노인들…
더 이상 기댈 곳이 없었던
사회적 약자들…

"뉴딜은 부자들을
더욱 부유하게 하기 위한 것이 아니라
가난한 사람들을
풍요롭게 하기 위한 것입니다."

미국 최초로 노동자의 권리가 법적으로 보장되고
미국 최초로 사회보장제도가 마련되고
재원마련을 위해
미국 최초로 기업과 부유층에 높은 세금이 부과되었다

그리고
라디오를 통해 국민에게 말을 거는 대통령
그 대통령에게 날아든
2,000만 통이 넘는 답장들…

"라디오에서
대통령이 하는 말을 들었습니다.
당신은 우리처럼
잊혀진 사람들에 대해 언급한
유일한 대통령입니다."

"우리의 전진은
많이 가진 자들의 부에
더 많은 부를 주는 것에 달려 있지 않습니다.
우리의 전진은
적게 가진 이들에게
우리가 얼마나 나누어줄 수 있는지에 달려 있습니다."
재선 취임연설 중에서

* 미국인들은 프랭클린 D. 루스벨트에게 4번이나 대통령을 맡겼다.

● '보이지 않는 손'의 피로골절

1929년 10월 24일(목요일) 뉴욕증권시장의 대폭락을 시작으로 미국의 대공황이 시작되었다. 실업률은 거의 30%를 넘나들었고, 미국경제는 급격한 파멸의 나락으로 빠져들었다. 문제는 제1차 세계대전의 종전 특수를 통해 엄청난 경제규모의 확대를 경험하면서 초래된 초과공급이었다. 산업기술의 발달과 생산분화 등 효율성 증대에 따라 제품생산은 급격히 증가했으나, 저임금 노동자들의 구매력이 공급을 소화할 수요를 창출하지 못하는 상황에 봉착하게 된 것이다. 외형적 경제성장은 물가를 높이고, 노동자들의 구매력은 떨어지고, 물건은 안 팔리고, 기업들은 어려워지고, 다시 노동자가 해고되면서 실업자가 양산되는 악순환의 고리가 전면화된 셈이다. 1929년에서 1933년까지 대공황기 미국의 국내총생산GDP은 무려 -27%에 이를 정도로 무서운 하락세를 보였고, 미국증시는 무려 90%나 폭락했다. 이 절망적인 대공황기에 미국의 제32대 대통령으로 취임한 프랭클린 루스벨트 대통령이 타개책으로 들고 나온 것이 바로 뉴딜 정책이다.

'뉴딜New Deal'이라는 용어는 1932년에 출판된 스튜어트 체이스Stuart Chase의 책 『뉴딜』에서 따온 것인데, 프랭클린 루스벨트의 스퀘어딜Square deal(공평한 분배)과 우드로 윌슨Woodrow Wilson 대통령의 뉴프리덤New Freedom(새로운 자유)의 개념적 합성어라고 할 수 있다.

뉴딜은 3R, 즉 Reform(개혁)·Recovery(부흥)·Relief(구제)의 원칙을 천명하고 구체적으로는 ①은행 및 통화의 관리와 통제 ②정부 대부貸付 및 보조금의 교부 ③산업의 단속 및 조장 ④농민의 구제 ⑤노동자의 단체교섭권 보장 ⑥사회보장 및 개발사업의 촉진 등을 추구했다. 즉, 루스벨트 정부는 "공급은 (고용효과 및 구매효과로) 그 자체로 수요를 창출하므로 과잉공급이란 있을 수 없다"는 이른바 세이의 법칙Say's law이 지배하던 고전경제학 시대에 종언을 고하고 "구매할 수 있는 수요만이 유의미하므로 정책적으로 가계의 소득을 증대시켜야 한다"는 이른바 유효수요의 법칙을 주창한 케인즈John Maynard Keynes의 손을 들어준 것이다. '보

이지 않는 손'에 모든 것을 내맡기던 '작은 정부(야경국가)'에서 적극적으로 개입하고 정책하는 '큰 정부'로의 전환은 단순히 이론적·이념적 취사선택의 문제가 아니라 시대가 강제한 필연이기도 했다.

뉴딜은 대공황 시대에 국가의 통제와 조정을 통해 산업의 발전과 경제의 균형을 확보하는 것을 목적으로 하였다. 반대파들로부터 사회주의라 비난받기도 했지만, 자본가들을 포함한 노동자·농민·흑인과 자유주의 지식인 등 광범위에 걸쳐 미국인의 압도적인 지지를 받았다. 루스벨트는 국가의 통제를 공업·농업·상업·노동 등 다방면으로 확장시켜 산업을 부흥하고 구매력을 높이는 방식으로 경기회복을 도모하였고, 이러한 목적을 달성하기 위해 산업부흥법(NIRA), 농업조정법(AAA), 와그너 법(Wagner Act), 테네시 계곡 개발법(TVA) 등을 입법하였으며 외교적으로는 선린외교善隣外交를 추진하여 안정을 추구하였다.

그러나 거듭된 위헌판결로 충분한 실행력을 확보하지 못한 상태에서 1937년 재차 공황이 일어나고 마침내 제2차 세계대전이 발발하자 뉴딜의 시대는 사실상 역사의 뒤안으로 사라지게 된다.

● 위헌으로 조각난 케인즈의 꿈

제32대 미국 대통령 프랭클린 루스벨트Franklin Delano Roosevelt는 제26대 대통령 테오도어 루스벨트Theodore Roosevelt의 조카로, 뉴욕에서 태어나

민주당 상원의원, 해군차관, 뉴욕 주지사를 거쳐 제31대 공화당 대통령인 허버트 후버Herbert Clark Hoover를 큰 차이로 물리치고 1933년 대통령에 취임하였다. 자본가 진영의 진보파를 대표한 그는 뉴딜 정책을 추진함으로써 이례적으로 4선을 연임하는 기록을 남겼다. 제2차 세계대전 기간에는 연합국의 지도적 역할을 수행하기도 했다.

그가 1932년 입법한 전국산업부흥법National Industrial Recovery Act은 뉴딜의 핵심적인 법률로, 국가의 대규모 재정지출을 통해 국가 전체의 소비증대를 도모하기 위한 법안이다. 그 내용은 노사협조, 부정경쟁不正競爭의 배제, 소비자 구매력의 증진, 노동조건의 개선 등이다. 루스벨트 정부는 이러한 목적을 달성하기 위하여 산업부흥국을 설치, 실시하려 했지만 1935년 미국 최고재판소는 이 법률을 위헌으로 판결하였다.

한편, 루스벨트는 1909년 입법된 농업조정법Agricultural Adjustment Act을 개정하여 농업 생산가격을 1933년 선으로 인상함으로써 농민의 구매력을 끌어올리려 했다. 또한 이러한 목적을 달성하기 위해 정부 통제로 농업생산물의 식부면적植付面積을 제한하여 과잉생산을 억제하려 하였다. 루스벨트 행정부는 이러한 정책을 담당하기 위해 농업조정국農業調整國을 설치했는데, 1936년 미국 최고재판소는 이 법률 역시 위헌으로 판결하였다.

전국노동관계법National Labur Relations Act은 상원의원 와그너Wagner가 제안하여 일명 '와그너 법'으로도 불린다. 이는 노동자의 단결권과 단체교섭권을 보장한 것으로 미국 노동사상勞動史上 획기적인 입법으로 평가된다. 사용자측에 부당노동행위(가령 단체교섭권에 대한 간섭·억제·압박 등)를 금하는 등 주목할 만한 내용을 가지고 있으며, 시행기관으로 전국노동관계국이 설치되었다. 이는 화폐의 대량발행·유통으로 소득양극화 해소와 수요 회복을 도모하되 필연적으로 발생하게 될 인플레이션은 노동계의 단체교섭과 임금인상으로 상쇄하자는 케인즈의 주장을 뒷받침하는 입법이었다고 할 수 있다. 하지만 이후 1947년의 태프트-하틀리 법 Taft-Hartley Act에 의해 대폭적으로 수정되었다.

역시 발의자의 이름을 딴 태프트-하틀리 법은 와그너 법 이후 미국의 노동운동이 급격히 발달하여 노조의 교섭력이 사용자를 제압할 지경에 이

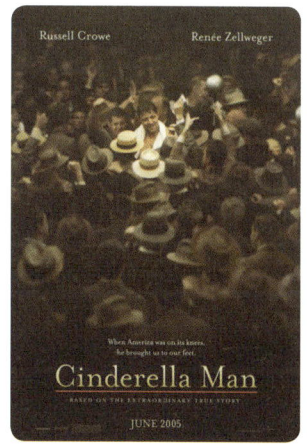

르자 제2차 세계대전 종전 이후의 불황기를 기해 "와그너 법의 취지를 살리되 노사 간의 균형을 회복하는 방향으로 수정한다"는 취지로 입법되었다. 그 내용은 노동조합의 부당노동행위 금지, 클로즈드숍Closed Shop 금지(유니온숍만 인정), 공공부문 관련 쟁의에 대한 긴급조정제도의 도입, 각 주에 노동입법권 부여, 연방공무원과 정부기업 종업원의 파업 금지 등이었다. 특기할 만한 것으로 "노조 간부는 공산당원이 아니라는 선서서를 제출해야 한다"는 의무규정이 있었다.

클로즈드숍이란 노사협정에 의하여 사용자 측이 노조원만을 고용할 수 있게 하는 제도를 말하고, 유니온숍Union Shop이란 역시 노사협정에 의하여 사용자는 노조가입 여부와 상관없이 노동자를 고용할 수 있지만 일정기간 안에 노조에 가입하지 않거나 노조에서 제명된 노동자는 해고해야 하는 제도를 말한다.

● 푸르지 않은 녹색

미국 발 서브프라임모기지 사태로 촉발된 세계 금융위기와 유가 폭등 등 국제적 경제환경의 급변이 2008년 한국을 강타하여 주가 하락, 환율 급등, 물가 불안정 등 본격적인 경제불황이 가시화되자 2009년 1월 이명박 정부는 녹색뉴딜이란 이름의 경제회생 정책을 발표했다. 기획재정부의 발표에 따르면, 녹색뉴딜은 '4대강 살리기' 프로젝트, 그린홈-그린스쿨, 숲가꾸기, 녹색교통망 구축, 대체 수자원 확보 및 친환경 중소댐 건설, 그린카 청정에너지 보급 등의 세부사업에 4년간 총 50조 원을 투입하여

96만 개의 새로운 일자리를 창출하겠다는 야심찬 계획이다.

오바마 행정부가 '그린뉴딜'을 천명한 것을 위시하여 이른바 녹색뉴딜은 세계적인 추세이기도 하다. 영국은 '대체에너지 10대 프로젝트'에 총 100억 파운드를 투자한다는 계획을 내놓았고, 프랑스도 2020년까지 4,000억 유로 규모의 그린산업 계획을 수립하고 관련 법안 104건을 국회에 제출한 상태다. 독일 역시 2020년까지 녹색산업 분야에서 자동차산업보다 더 많은 고용을 창출하겠다는 계획이다. 일본은 2015년까지 녹색산업 관련시장을 100조 엔 규모로 늘리고 100만 명의 신규고용을 창출하겠다고 밝혔다. 중국이 4조 위안 규모의 내수부양책을 내놓으면서 내건 명칭도 그린뉴딜이다. 이는 이른바 레드오션-블루오션을 넘어서는 새로운 산업대안이 그린오션Green Ocean이라는 공통된 인식 하에 경제부흥을 추진하되 친환경과 지속가능성sustainability이라는 기조를 견지하겠다는 정책의지의 표현이다. '신자유주의 비전의 진정한 설계자'라는 평을 듣고 있는 토머스 프리드먼Thomas Friedman이 최근 '코드 그린Code Green'이라는 키워드를 내놓게 된 배경도 이와 다르지 않다.

이명박 정부의 녹색뉴딜 역시 1930년대 미국의 뉴딜 철학에 기반하여 특히 사회간접자본에 대한 정부투자를 통해 경제회생을 도모하되 시대의 요구에 맞춰 환경과 에너지를 고려한다는 성격을 갖는다. 그러나 10조 원 이상 투여되는 '4대강 살리기'는 국민의 반대에 봉착해 있는 '대운하 프로젝트'의 변형적 시도라는 지적과, 예산 배치가 지나치게 건설·토목 부문에 치우쳐 있어 '녹색'이라는 단서가 겉치레에 불과하다는 지적이 있다. 실제로 녹색뉴딜 계획에서 친환경 녹색에너지 분야에는 8% 정도의 예산밖에 배정되지 않았고, 나머지는 대부분 토목건설 분야에 맞춰져 있다. 정부가 발표한 녹색뉴딜의 전체 고용창출 예상인원 95만 6,420명 가운데 91만6,000여 명은 건설일용직 및 단순노무직이다.

Green New Deal

루스벨트의 뉴딜 정책이 고강도 정부개입을 통한 일자리 늘리기와 산업 발전 자극을 목표로 하면서도 불안정한 고용상황과 사회적 불안요소를 제거하기 위해 노동자 계층의 사회보장 및 저소득층의 보호에 강력한 정책적 개입을 시도한 것과 달리 2009년 대한민국의 녹색뉴딜은 그것과 전혀 궤를 달리한다는 비판이 거세다. 실제로 이명박 정부가 제시하는 녹색뉴딜에서는 '부흥'을 위한 예산의 80%가 토목공사에 집중되어 있으며 '구제'를 위한 정책과 예산에서는 오히려 큰 걸음으로 퇴보하는 경향을 보이고 있다. 무엇보다 이명박 정부의 '녹색 토목'은 노무현 정부의 '좌파 신자유주의'만큼이나 그 자체로 형용모순이라는 지적도 있다. 2009년 1월 용산지역 재개발세입자 시위진압 중 일어난 끔찍한 사망사고는 이러한 정책적 불균형과 모순적 사고가 낳은 필연적 결과라는 주장이다. 1930년대 미국 뉴딜의 기본 모토인 3R은 개혁, 부흥, 구제였다. 대공황기의 뉴딜 정책이 후일의 역사적 평가를 떠나 최소한 당대의 미국인들에게 지지받고 사회적 통합과 극복의 길로 나아갈 수 있었던 가장 큰 힘은 이 세 가지 모토의 균형잡힌 추진에 있었다. 오마바 행성부가 그린뉴딜에 앞서 공약으로 제시한 뉴아폴로 New Apollo 프로젝트는 고소득 일자리의 창출과 보호, 물가연동 최저임금제를 비롯한 노동자들의 임금인상, 정규직 채용 시 세금 면제, 실업수당 기간 연장과 과세 유예, 단결권 보호 등 노동조합의 권한확대를 그 내용으로 하고 있다.

2009년 이명박 정부 들어 삭감된 주요 복지예산 리스트는 다음과 같다.

1. 사회적 일자리 창출 지원금 – 325억 원 삭감
2. 장애아 무상보육 지원금 – 50억 원 삭감
3. 보육시설 확충비용 – 104억 원 삭감
4. 청소년 안전시설 지원비 – 8천만 원 삭감
5. 장애인 차량 지원비 – 116억 원 삭감
6. 건강보험 가입자 지원비 – 568억 원 삭감
7. 학자금 대출 신용보증기금 지원금 – 1천억 원 삭감
9. 서울시 독거노인 주말도시락 보조금 – 2억 원 전액삭감

17

시한폭탄

"스스로를 믿읍시다.
우리는 미국인입니다."

脫 (탈)규제
無 (무)국경

세금감면
저금리
거래활성화
유동성 증가

그리고
돈이 돈을 버는
금융시장

월스트리트로 향하는
미국 최고의 두뇌들
그들이 발휘하는
금융 연금술

무엇으로든 돈을 만들 수 있다!

고수익을 만들어낼 수 있는
최고의 재료는 바로

불확실한 미래!

미래의 석유가격
미래의 환율
미래의 금리

가격변동이 가능한
모든 자산으로부터 만들어지는,
미세한 가격변동만으로
고수익이 가능한,

파생상품!

투자가 아니라 투기다?

NO !
투기란 실패한 투자일 뿐이다!

두 자릿수 수익률을 향해 몰려드는
세계의 돈들
그리고
끊임없이 쏟아지는
단기고수익 파생상품들

OH, High Risk, High Return !

첨단금융기법이
위험요소를 모두 제거했다는 자신감과
위험은 분산하면 분산할수록
제로에 가까워진다는 논리는
신용등급이 낮은 서민들을 대상으로 한
새로운 아메리칸 드림을 창조했다

Subprime mortgage loan

**이제는 누구나 집을 가질 수 있다!
집값의 100% 이상 대출이 가능하므로!**

**이제는 마음껏 소비할 수 있다!
집값의 100% 이상 대출이 가능하므로!**

낮은 신용등급과
불안한 상환능력에도 불구하고
모기지업체들은 서민들에게 대출을 부추긴다

하지만
드림의 전제조건

집값이 끊임없이! 올라야 한다!

그러나
2007년
한 해 사이에
집값은 10%나 하락한다

집값 하락
┈▶ 금리 인상
┈▶ 대출이자 연체
┈▶ 대출상환 포기
⋮
연쇄부도

⋮
연쇄도산

'분산된 위험'은
도미노처럼 '위험의 연쇄고리'가 되어 돌아온다

History of US housing – The Subprime Crisis

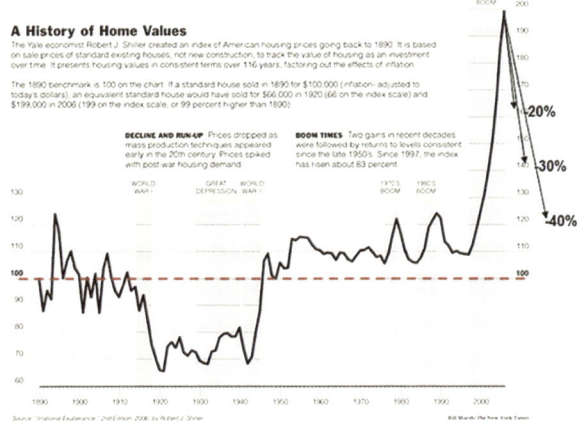

2006년까지 세계 각국의 금융자본이
미국 서브프라임 모기지 시장에 투자한 돈은
약 1조 달러(약 1,300조 원)

"위험을 분산하느라
너무 많이 쪼개고 분산한 상품구조 때문에
누가 어떤 위험을 얼마나 갖고 있는지조차
알 수 없는 상황이다."

*대한민국 국민연금관리공단이 미국의 리먼브러더스, 메릴린치, AIG 등
부실금융사에 투자한 총액은 약 1억8,000만 달러(약 2,340억 원)인 것으로 집계됐다.
(2008.09.26. 제5차 국민연금기금운용위원회, 보건복지가족부 발표)

● '금융공학'이라는 희대의 연금술

<u>서브프라임 모기지론</u>Sub-prime Mortgage Loan은 미국에서 신용조건이 낮은 사람들을 상대로 주택 시세의 거의 100% 수준까지 대출을 해주는 고금리 대출 프로그램이다. 미국의 주택담보대출은 프라임Prime, 알트-AAlternative A, 서브프라임의 3등급으로 분류된다. 프라임 등급은 신용도가 좋은 개인을 상대로 한 주택담보대출을, 알트-A는 중간 정도의 신용도를 가진 개인을 상대로 한 주택담보대출을, 서브프라임은 신용도가 일정 기준 이하인 저소득층을 상대로 한 주택담보대출을 말한다.

서브프라임 등급은 부실위험이 있기 때문에 프라임 등급보다 대출금리가 2~4% 정도 높은 게 일반적이다. 금리가 높기 때문에 당연히 수익률이 높아서 고위험고수익High Risk, High Return을 추구하는 헤지펀드나 전 세계 금융업체들이 막대한 금액을 미국의 서브프라임 모기지 업체들에 투자했다. 특히 2000년대 들어 유동성 과잉과 저금리로 미국의 부동산 가격이 급등하자, 이에 편승한 모기지론 업체들 간의 과당경쟁이 심화되었다. 그 결과 미국 주택담보대출 시장에서 서브프라임 등급이 차지하는 비중은 2002년 말 3.4%에서 2006년 말 13.7%로 폭등했다.

그러나 급상승하던 집값이 하락세로 돌아서고 2004년 이후 미국연방준비제도이사회FRB가 정책목표금리를 17차례에 걸쳐 1.0%에서 5.25%까지 대폭 인상하자 이자 부담이 커진 저소득층이 원리금을 제때 갚지 못하는 사태가 벌어지게 되었다. 이로 인해 서브프라임의 연체율은 20%로 급상승하고, 급기야 2007년 4월 미국 서열 2위의 서브프라임 모기지론 업체 뉴센트리파이낸셜New Century Financial이 파산신청을 내는 것을 시작으로 이른바 '서브프라임 모기지론 사태'가 일어났다. 이어 154년 전통의 미국 서열 4위 투자은행 리먼브라더스Lehman Brothers가 파산했고, 미국 최대의 보험회사 AIG는 2008년 9월 FRB로부터 850억 달러의 구제금융을 받아 기업회생절차에 들어갔다.

미국의 서브프라임 모기지론 사태는 여기에 막대한 자본을 투자했던 전 세계의 금융자본들에게까지 연쇄적으로 타격을 줌으로써 전 세계에 걸

Sub-prime Mortgage Loan

쳐 심각한 경제위기를 초래했다. 미국 상원 은행위원회 청문회는 서브프라임 모기지 부실에 따른 미국 내 금융손실이 최대 1,000억 달러 이상일 것으로 추산했으나, 연쇄적인 추가손실 및 산업 전반에 걸친 파급력을 고려할 때 그 피해는 더욱 확산될 것으로 전망된다. 2009년 2월 현재 오바마 정부는 3,500억 달러에서 최대 7,000억 달러에 이르는 추가 구제금융 법안을 준비중이지만, 밑빠진 독에 물붓기라는 비판과 함께 구제금융 자체에 부정적인 시각들이 있어 난항이 예상되고 있다.

● 땅에 발딛지 않은 유령자본주의의 종말

서브프라임 모기지론에서 출발하여 2008년 전 세계를 강타한 금융위기의 핵심은 무엇보다 월스트리트를 중심으로 한 미국 금융자본들의 근본적인 부실에 있다. 1992년 영국 파운드화를 공격하여 불과 몇 주 만에 10억 달러의 환차익을 기록한 이후 '헤지펀드의 대부'라고 불리는 조지

소로스George Soros는 다음과 같이 진단한다.

'첫 2년 동안 시장금리보다 낮게 적용한 뒤 이후 금리를 재조정한다'는 조건이 붙은 상품을 개발함으로써 신용도가 낮은 사람을 대상으로 한 서브프라임 모기지를 급증케 했다. 경험이 없고 잘 모르는 주택구입자들을 사실상 기만하는 거래다. 신용을 조작하거나 증빙서류도 없는 대출자는 물론, 극단적으로는 모기지 브로커들의 묵인 아래 이른바 '닌자NINJA 대출'까지 등장했다."

미국의 금융기관들이 이자수입 증대를 노리고 무리하고 비윤리적인 대출사업을 지나치게 확대해버린 것이 이번 사태의 첫 번째 원인이라는 지적이다. 실제로 미국의 서브프라임 모기지론 업체들은 신용도가 낮은 사람들에게도 사실상 집값의 100% 이상까지 대출하면서 서브프라임 모기지 시장의 근본적 부실을 키워왔다. 닌자-론NINJA Loan이란 'No INcome, Job, Asset'을 의미하는 말로 '수입이 없고 직업이 없고 자산이 없는 저소득층'을 대상으로 하는 제3금융권 고금리대출을 말한다.

게다가 '첨단 파생상품'이라는 용어로 상징되는 미국식 금융자본주의는 부실채권 자체를 또 하나의 상품으로 가공하여 제2, 제3의 투자자들에게 판매함으로써 부실의 연쇄고리를 양산해왔다. 이에 대해 역시 소로스는 다음과 같이 지적한다.

"모기지 금융기관들은 위험도가 높은 이런 대출을 증권이나 채권으로 유동화해 팔고, 이것들은 신용평가기관의 평가를 거쳐 기관투자가들의 손으로 넘어간다. 위험도를 알 수 있는 금융기관에서 전혀 그렇지 못한 투자자에게로 주택채권이 넘어가면서 터무니없을 만큼 높은 위험이 내재되어 있다는 사실은 무시된다. 금융기관들은 각 거래과정의 수수료를 챙기는 일만 되풀이하고 있는 것이다."

실제로 미국의 투자기관들은 주택채권에서 발생하는 이자수입과 수수료를 극대화하기 위해 이미 파국의 조짐을 비치고 있던 서브프라임 모기지 시장의 부실화 과정에 뛰어들었다. '첨단 금융기법'이니 '파생상품'이니 하는 알 수 없는 용어들로 포장된 부실채권들이 다른 우량상품들과 뒤섞여 다시 알 수 없는 투자자들에게 팔려나가기 시작한 것이다.

derivative

금융자본주의의 끝산 데 보르는 실주를 우러하는 경제학자들은, 실질적으로는 아무것도 생산하지 않으면서 누군가의 손실을 전제로 수익을 추구하는 파생상품derivative을 '폭탄돌리기 게임'에 비유한다. 폭탄돌리기란, 안대로 눈을 가린 사람들이 동그랗게 둘러앉아 심지에 불이 붙은 폭탄을 터질 때까지 계속 서로 돌리는 스릴게임이다. 폭탄돌리기의 대표적인 것이 신용디폴트스왑(CDS)인데, 분산투자 개념의 파생상품으로 보유를 위한 증거금은 총액의 1.5%에 불과하다. 현재 그 시장규모가 미국 증시 총액의 3배에 육박할 정도로 성장했다.

금융자본의 근본적 부실은 심지어 한 나라를 파산으로까지 몰아갔다. 2007년까지 유럽에서 가장 선진적인 금융자본주의를 도입하여 '금융허브'로 성장했다는 평가를 듣던 북구의 작은 나라 아이슬란드는 최근 국가부도 위기에 처했다. '신자유주의의 모범'이라고까지 칭송받던 아이슬란드는 얼마 전까지만 해도 금융규제를 줄줄이 폐지하고 금리를 올려 유럽의 자본을 끌어들였으며, 그 돈을 종자로 다시 유럽의 부동산과 기업들을 사들였다. 그리고 부족한 자금은 '살 자산'을 담보로 한 대출에 의존하는 방식을 사용했다. 아이슬란드가 정책적으로 운용하는 금융자본의 규모는 기하급수적으로 커졌고, 규제 없는 부실투자로 국가경제의 외형은 비약적으로 부풀어올랐다. 그러나 이 실체 없는 거대한 금융자본은 미국발 금융위기가 터지자 순식간에 빠져나간 외국자본들에 의해 그 공허한 진면목을 드러내고 말았다. 이에 수상이 사퇴하고 3대 은행을 전면 국유화하는 등 초강수가 등장했지만 여전히 아이슬란드의 위기는 계속되고 있다.

● 아무것도 생산하지 못하는 폭식증의 나라

세계적 경제위기의 본질을 '달러의 위기'로 설명하는 입장도 있다. 미국은 지난 20여 년간 단 한 번도 재정흑자를 기록하지 못한 만성 경상수지 적자국이다. 그럼에도 불구하고 지난 20년 동안 항상 호황이었던 것은 전적으로 금융자본의 수입을 통해 적자를 메꾸는 한편, 달러를 찍어 유동성을 증대시키는 방법으로 경기부양을 해왔기 때문이다. 금리가 낮다는 것은 곧 그만큼 많은 돈이 시장에 풀린다는 뜻이고, 늘어난 달러 유동성은 글로벌 투자금융이나 헤지펀드를 통해 전 세계로 분산투자되어 '수익'을 창출해왔던 것이다.

실물경제에 아무런 기반을 두지 못한 채 기축통화 Key Currency 라는 경제권력에만 기대어 미국이 마구 찍어낸 달러는 한동안 허구의 이자와 수익을 만들며 전 세계를 유령처럼 배회하다가 결국 금융위기라는 벼랑 끝으로 내몰렸다. 이에 미국 재무부채권과 달러로 구성된 외환 포트폴리오를 자랑하던 세계 각국 정부와 글로벌 금융기업들도 덩달아 부실위험으로 내몰릴 수밖에 없었다. 게다가 미국의 경제회복은 쉽지 않을 것이라는 전망이다. 세계최대의 소비재 수입국으로 그 비용을 금융자본의 수익에 전적으로 의지해왔던 미국의 경제시스템 내에서 제조업은 이미 거의 멸종상태에 처해 있기 때문이다. 그 대표적인 예가 미국의 자동차산업이다. GM, 포드, 크라이슬러를 포함한 미국의 자동차업체들은 모두 파산

직전에 몰려 정부의 구제금융만 바라보고 있는 실정이다. 자동차와 아이팟 이외에 '미제'라고는 아무것도 떠올리지 못하는 세계시장을 바라보며 패닉에 빠져 있는 디트로이트는 미국 제조업과 내수시장의 단말마나 다름없다.

● '감세·규제완화·토목·수출'의 신화는 아직 끝나지 않았다!

다수의 전문가들은 이번 금융위기의 결과로 세계적인 금융질서의 재편을 예상한다. 적어도 경제적인 의미에서 미국 일극체제의 권위와 신용은 치명적인 손상을 입었으므로 더 이상 미국 중심의 금융질서는 유지될 수 없다는 주장이다. 일군의 전문가들은 포스트-아메리카 세계경제의 주역으로 중국·러시아·일본 등을 꼽는다. 이른바 '제2세계론'이다.

그럼에도 불구하고 한국은 이제 감히 '전前시대의 유물'이라고 불러도 좋을 미국식 신자유주의 체제의 아젠다에서 벗어나지 못하고 있다는 비판이 나라 안팎에서 거세다. 이명박 정부의 경제키워드라고 할 수 있는 '감세·규제완화·토목·수출'은 사실상 여타의 국가들이 현재의 경제위기 상황에서 취하고 있는 정책행보와는 정반대의 방향을 가리키고 있다. 대한민국의 증시는 금융 위기 전에 비해 50% 선조차 회복하지 못하고 있고, 대한민국의 수출은 20년 만에 최악의 상황이며, 대한민국의 내수는 모든 예측지수가 바닥을 치고 있다. 환율은 회복의 기미조차 없다. '글로벌 금융기업화'를 기치로 내건 대한민국 정부와 산업은행은 리먼브라더스의 파산 직전까지 상대적으로 비싼 가격에 동 회사의 인수를 적극 추진했고, 리먼브러더스의 파산 이후 대한민국 검찰은 동 회사의 파산을 예고했던 인터넷논객 '미네르바'를 구속수감했다. 또한 4대강 정비사업, 운하사업 같은 토목건설 사업에 예산을 집중하고 종합부동산세 환급과 법인세 인하와 같은 부유층·대기업 중심의 감세정책을 우선시하고 있다. 세계 각국과 한국은 같은 상황에서 다른 길을 걷고 있다.

18

한잘라

예쁘지도
사랑스럽지도 않은
열 살

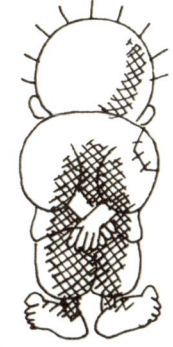

나치의 학살로
600만 명의 유대인이 죽었다
뿌리 깊은 차별과 박해에서 벗어날
유일한 희망

땅 없는 민족에게 주인 없는 땅을!

이 세상 어딘가에
유대인만의 국가를 건설하겠다는
절절한 꿈
그러나
이 세상에 '주인 없는 땅'은
그 어디에도 없었다

그곳에는
1,000년 이상 올리브를 키우며 살아가던
사람들이 있었다

땅을 지키려는 사람들은 말을 타고
땅을 뺏으려는 사람들은 탱크를 탔다

1948년
남의 땅 팔레스타인 위에
유대인의 나라
이스라엘이 세워진다

집 열쇠를 꼭 쥐고
난민촌으로 떠밀린 사람들…
그 속에 있었던
열 살의
나지 알 알리

"나는 내가 무엇을 해야 하고
무엇을 할 수 있는지에 대해
의무감을 느꼈다."

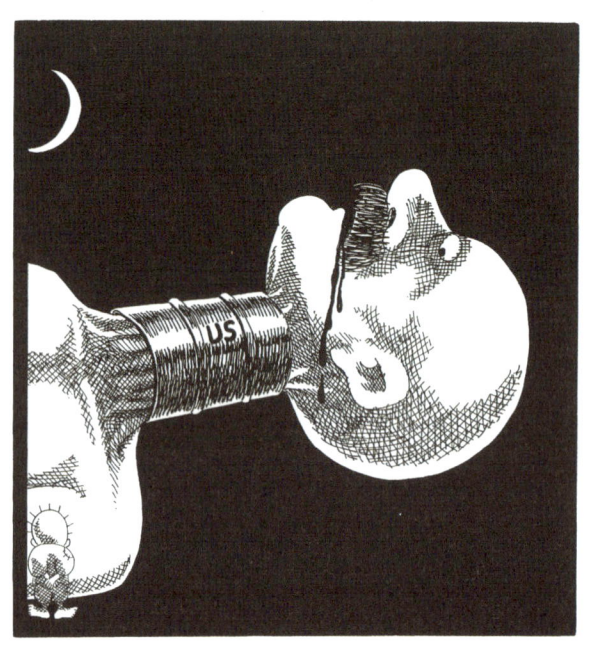

열 살의 아이 나지 알 알리는
난민촌 천막 위에
대피호 벽 위에
매일같이 그림을 그리기 시작한다

"한잘라는 못생겼다.
사랑스럽지도 않다.
맨발의 다른 난민촌 아이들과 다를 바 없다."

세월이 흘러도 변하지 않는
한잘라의 나이는
나지 알 알리가 고향에서 쫓겨났던 나이
열 살이었다

맨발에 뒷짐을 지고
물끄러미 지옥을 바라보는
열 살 한잘라

늘 같은 모습
전혀 움직이지 않던 그 아이가
어느날
마침내 움직이기 시작한다

집과 땅을 잃고
가자지구…
웨스트뱅크(서안지구)…
요르단…
레바논…
낯선 땅을 떠도는
팔레스타인인들은
이스라엘군의 총에 맞서
돌멩이를 들었다

1982년 가을
레바논으로 향하는
이스라엘의 탱크

**"팔레스타인 테러리스트들로부터
이스라엘 국민을 보호하기 위해!"**

탱크가 난민촌 주위를 포위한 3일 동안
3,000명이 죽었고
그 중 대부분은
이스라엘이 '잠재적 테러리스트'라 부르는
노인, 여성, 어린이들이었다

그리고
세계는 침묵한다

**"과연 이것이
미국과 유럽이 외쳐온
자유와 인권입니까?"**

팔레스타인 지도자 **아흐메드 야신**

더 이상 침묵하지 않고
네모칸 속으로 성큼 들어가
돌멩이를 던지고
꽃을 건네고
두 팔을 번쩍 드는
한잘라

"나는 결코
공포와 절망을 느끼지 않았고
항복하지도 않았다."

그러나 한잘라를 그리던 나지 알 알리는
레바논과 쿠웨이트를 떠돌다
런던에서 한 괴한의 총에 맞아 살해된다

그의 주검은
고향 팔레스타인으로 돌아가지 못했고
열 살인 한잘라도
고향으로 돌아가지 못했다

* 2008년 12월 27일부터 3주 동안 이스라엘의 가자지구 침공으로 1,305명의 팔레스타인인이 사망했고, 13명의 이스라엘인 사망자 중 5명은 자국군의 오폭이 원인이었다. 1948년 이후 고향으로 돌아가지 못하고 세계를 떠도는 팔레스타인 난민의 수는 약 400만 명이다.

● 공존할 수 없는 세 개의 약속

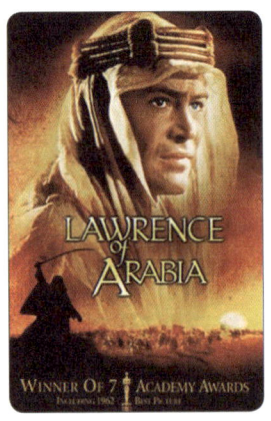

영국은 제1차 세계대전 중 오스만터키 제국 치하의 아랍인들에게 독일과 오스만터키 제국에 맞서 싸워주는 대가로 팔레스타인을 포함한 아랍지역의 독립을 보장하는 후세인-맥마흔 서한(1915년 12월)을 체결했다. 이에 팔레스타인 지역의 아랍인들은 같은 이슬람권임에도 불구하고 오로지 독립을 위하여 오스만터키 제국에 맞서 싸우기 위해 참전하게 된다. 영국은 이 대리전쟁을 지원하기 위해 T.E 로렌스 대령을 중동으로 파견한다. 당시 오스만터키 제국은 영국 식민경제의 생명줄이라고 할 수 있는 수에즈 운하를 장악하고 있었다.

1962년 영국의 영화감독 데이비드 린David Lean이 제작한 〈아라비아의 로렌스Lawrence Of Arabia〉는 제1차 세계대전 당시 중동에 파견된 영국군 대령 로렌스가 아랍인들의 신망을 얻고 진정한 전쟁영웅이 되기까지의 과정을 광활한 중앙아시아의 자연과 함께 담아낸 영화다. 피터 오툴Peter Seamus O'Toole을 비롯하여 오마 샤리프Michael Shalhoub, 앤소니 퀸Antonio Rudolfo Oaxaca Quinn, 알렉 기네스Alec Guinness de Cuffe 등 기라성 같은 배우들이 출연한 이 영화는 아카데미상 7개 부문을 휩쓸며 당시 최고의 영화로 추서되었다.

그러나 현실 속의 영국은 미국의 참전을 유도하고 독일의 내부혼란을 조장하기 위해 전 세계에 흩어져 살고 있던 유대인들의 도움도 필요로 했다. 이에 따라 1917년 영국 외상 발포오는 영국의 유대계 은행재벌 로드차일드와 비밀리에 발포오 선언이라는 비밀조약을 체결했다. 이 조약에서 영국은 유대인의 참전 대가로 팔레스타인에 유대인 민족국가의 창설을 약속해주었다. 1880년대부터 득세했던 유대인들의 국가창설 민족주의운동인 시오니즘Sionism에 대한 조건부 지지의사를 밝힌 것이다.

한편, 1916년 영국은 이미 프랑스와 비밀리에 사이크스-피코 협정을 체결한 바 있다. 시리아와 쿠웨이트를 연결하여 북쪽은 프랑스, 남쪽은 영국이 분리지배한다는 내용을 담은 강대국끼리의 정치적 담합이었다. 사실 이는 '현대적 식민주의'가 자리잡아가던 20세기 초반에 강대국들 사이에서 유행하던 일이기도 했다. 어쨌든 이처럼 영국은 중동지역의 주권과 관련하여 서로 철저하게 모순되는 세 개의 비밀조약을 체결함으로써 전후 중동지역에서 계속될 끝없는 분쟁의 서막을 완성했다.

● 사고치고 뒤로 빠진 대영제국

제1차 세계대전 이후 열린 1919년 파리국제회의에서 미국 대통령 우드로 윌슨Thomas Woodrow Wilson의 민족자결주의가 공식 채택됨에 따라 전 세계적으로 식민지 해방과 독립이 진행되었다. 팔레스타인의 경우, 당시 거주민 50만 명 중 유대인은 겨우 2만여 명에 불과했으므로 민족자결주의 원칙에 따라 아랍국가가 세워져야 마땅했다. 그러나 영국은 '발포어선언'을 매개로 유대인들의 전폭적인 지지를 받아 1920년 산레모 회의에서 영국의 팔레스타인 위임통치안을 통과시킨다.

영국에 배반당한 팔레스타인의 아랍인들은 이때부터 격렬한 반영투쟁과 독립운동을 전개하기 시작한다. 한편 영국은 이에 맞서 위임통치권을 이용, 유대인들의 팔레스타인 이주정책을 강행한다. 유대인들의 시오니즘이 현대사의 전면으로 가시화하기 시작한 것이다. 1920년, 16,500명의 유대인이 팔레스타인으로 이주한 것을 시작으로 팔레스타인 위임통치지역에서는 토착아랍인과 이주유대인 간의 갈등이 불거졌다.

당시 영국은 식민통치 방법의 일환으로 두 민족 간의 분열과 갈등을 적당히 부추겼다. 1933년 이후 나치독일이 유대인들에 대한 탄압을 강화하자 팔레스타인으로 이주하는 유대인은 더욱 늘어났고, 팔레스타인의 혼란은 더욱 걷잡을 수 없는 지경에 이르게 되었다. 게다가 제2차 세계대전 발발 이후 나치의 홀로코스트에 직면한 유대인들은 더욱 공격적으로

유대국가 설립을 위한 팔레스타인 이주를 시도했다. 이제 팔레스타인 지역의 혼란과 갈등은 일촉즉발의 지경으로 치달았으나 이에 책임이 있는 영국을 비롯한 유럽사회는 아무런 조치도 취하지 않았다.

제2차 세계대전이 끝나고 개최된 1947년 11월 29일의 유엔총회는 팔레스타인 지역을 분리하여 아랍과 유대, 두 개의 독립국가로 분할하자는 안을 통과시킨다. 찬성 33표, 반대 13표였다. 처음에는 아랍인이 중심이 되는 팔레스타인 연방안이 우세했으나 제3세계에 대한 미국의 집요한 회유와 협박으로 결국 분할안이 통과되고 만 것이다. 이 문제에 관한 한 역사적으로 가장 큰 책임을 갖고 있던 영국은 정작 이 투표에서 기권하였다.

유대인들은 모세의 인도 하에 이집트를 탈출했던 과거의 역사에 빗대어 제2차 세계대전 기간 동안의 '유럽 탈출'을 엑소더스Exodus라고 불렀다. 유대인들의 이 현대판 엑소더스에도 불구하고 당시 팔레스타인 지역의 유대인 인구비율은 아랍인 대비 3분의 1, 거주면적은 전체의 7%에 불과했다. 하지만 유엔총회의 분할안은 유대인들에게 팔레스타인 지역의 56%를 배분한다는 내용이었고, 더구나 경작이 가능한 대부분의 땅은 유대인 차지였다. 이제 유엔으로부터 국가창설을 공식적으로 인정받은 유대인들은 영국과 미국의 지원 하에 구체적인 건국작업에 착수하지만, 토착아랍인의 저항이 워낙 완강하여 분쟁은 끊이지 않았고 유대국가의 건국은 거듭 지연되었다.

● 총탄과 탱크에 맞서는 돌멩이의 외침

1948년 4월 9일, 유대인 지하테러조직인 이르군(Irgun Zvai Leumi)이 예루살렘 서쪽의 작은 마을인 데일야신 촌을 야밤에 습격하여 아랍주민 254명을 무차별 살해했다. 후일 이스라엘 수상에 오른 메나헴 베긴이 진두지휘한 이 사건 이후로도 유대인들은 거듭 아랍인들을 공격하여 불과 한 달여 만에 100만 명에 이르는 아랍인들이 인근국가로 피신하기에 이른다. 팔레스타인 난민 역사의 시작이다.

1948년 5월 14일, 마침내 이스라엘의 건국이 선언되지만 건국선언은 곧바로 전쟁으로 이어졌다. 이집트, 요르단, 사우디아라비아, 시리아, 레바논 등 아랍국가들이 일제히 이스라엘의 독립선포일을 기해 선제공격을 가함으로써 제1차 중동전쟁이 발발한 것이다. 이스라엘과 아랍국가들은 이후 세 차례의 전쟁을 더 겪었지만 번번이 이스라엘이 승리해 한때 이스라엘 영토는 독립 당시의 8배까지 늘어나게 된다. 특히 1967년 6월 5일 발발한 제3차 중동전쟁에서는 이스라엘이 시나이 반도와 요르단 강 서안, 골란 고원, 동예루살렘을 단 6일 만에 점령하는 등 압도적 우세를 보였다. 유엔은 그해 11월 결의안을 통해 이스라엘이 모든 점령지에서 철수할 것을 요구했으나 이스라엘은 이를 묵살하고 점령지 내에 끝내 유대인 정착촌들을 건설했다. 점령지들 중 시나이 반도는 1979년 캠프데이비

드 협정에 따라 이집트에 반환됐으나 나머지 땅들은 아직도 이스라엘이 차지하고 있어 여전히 분쟁의 불씨가 되고 있다.

1987년 12월, 거듭된 전쟁에도 불구하고 독립을 얻지 못한 팔레스타인인들이 인티파다(민중봉기)를 일으키자 팔레스타인민족평의회(PNC)도 이에 맞춰 독립을 선언한다. 팔레스타인인들은 유대인들이 팔레스타인 땅에서 물러날 것을 요구하며 돌과 화염병을 던졌으나 이스라엘군은 무자비한 총격으로 진압, 1,000여 명의 희생자가 발생했다.

● 젖과 꿀이 흐르는 땅에서 바리세의 피와 살을 태우다

2009년 2월 현재 팔레스타인을 대표하는 상징적 조직은 단연 하마스다. 아랍어 'Harakat al-Muqaqama al-Islamiyya(이슬람 저항운동)'의 약칭인 하마스는 팔레스타인 점령지를 중심으로 반(反)이스라엘 투쟁을 전개하는 이슬람 원리주의조직으로 알려져 있다. 1970년대 후반 문화운동으로 시작되었지만 1987년 이후부터는 팔레스타인 해방을 주장하며 무장게릴라 활동을 개시했다. 지도자는 1989년 이스라엘 군당국에 체포되었다가 1997년에 석방된 이슬람 법학자 아흐메드 야신인데, 그는 어린시절 불의의 사고로 사지가 마비되었음에도 불구하고 휠체어에 의지한 채 노년까지 팔레스타인의 정신적 지도자로 활동하다가 2004년 이스라엘군 공격헬기가 발사한 미사일에 맞아 폭사했다.

1993년 또 다른 팔레스타인 해방운동 지도자 야세르 아라파트가 이끄는 팔레스타인해방기구PLO와 이스라엘이 오슬로 평화협정을 체결하여 양측 긴장이 완화되었을 때 하마스의 세력은 다소 위축되었으나, 2001년 2월 강경파 아리엘 샤론이 이스라엘 총리에 취임하면서 무력충돌이 다시 격화되자 하마스는 가자지구를 중심으로 강력한 지지를 얻게 되었

다. 샤론은 집권기간 내내 PLO를 인정하지 않고 유대인 정착지를 확대하는 등 팔레스타인에 대한 강경책으로 일관했는데, PLO가 이에 제대로 대응하지 못하면서 팔레스타인인들 사이에서 하마스의 무장투쟁주의에 대한 지지는 더욱 공고화된다.

2006년 하마스는 팔레스타인 총선에 승리하여 집권당이 됨으로써 제도정치의 전면으로 부상했으나 미국과 이스라엘은 하마스의 합법성과 외교권을 인정하지 않았다. 2008년 12월 27일부터 23일간 이스라엘은 팔레스타인 무장조직 하마스의 근거지를 공격한다는 명목 하에 가자지구에 대한 무차별 폭격을 감행했다. 팔레스타인 자치정부 보건부의 집계에 의하면, 이 기간 동안 숨진 팔레스타인 주민은 모두 1,366명이다. 이 가운데 430명이 어린이, 111명이 여성이었고, 부상자 총 5,380명 중 1,870명이 어린이, 800명이 여성이었다. 실종자는 100명에 이른다. 그 외에 팔레스타인 의료진 13명과 유엔 구호요원 6명이 이스라엘군의 폭격에 의해 숨겼으며, 가자지구에서 활동하는 인도주의 활동가들의 피해는 집계가 힘들 정도라고 한다. 반면, 이스라엘 측은 23일간의 군사작전기간 동안 병사 10명과 민간인 3명이 숨졌다고 발표했다.

● 적이 총을 내려놓으면 곤란한 이유

오랫동안 팔레스타인 문제와 관련하여 대표성을 가지고 있던 아라파트와 PLO의 영향력이 소멸하고 이스라엘의 군사행동이 지속된 데는 유엔에서 이미 여러 차례 팔레스타인 땅으로 인정한 가자지구를 비롯, 웨스트뱅크, 동예루살렘, 골란 고원 등 4개 지역의 문제가 걸려 있다. 대부분의 UN 회원국들은 이스라엘과 팔레스타인이 1967년 6월 시점의 국경을 회복하고 평화공존하기를 바라고 있으나 번번히 미국과 이스라엘의 반대 및 거부권으로 분쟁은 여전히 종식되지 않고 있다.

한편, 하마스가 미국의 용인 아래 성장한 조직이라는 주장도 있다. 아라파트가 노벨평화상을 수상하는 등 PLO의 평화적 제안들이 국제사회에

서 설득력을 얻어감에 따라 미국과 이스라엘이 팔레스타인 내부의 역학구도를 분열시키고자 강경파인 하마스의 부상을 용인했다는 것이다. 그러다가 2004년 하마스가 이스라엘과 미국의 구상을 위협할 정도로 성장하자 지도자인 아흐메드 야신을 살해할 수밖에 없었다는 설이다. 아닌 게 아니라 1993년 오슬로 평화협정과 1994년 팔레스타인 자치정부 수립 이후에도 1967년 시점의 국경 복구 문제는 외면한 채 '팔레스타인 무장해제'만을 빌미로 공격을 반복하고 있는 이스라엘에게 평화공존의 의지란 여간해서 찾아보기 힘들다. 하마스의 존재와 성장에 대해 1973년 제4차 중동전쟁 이후 지속해온 이스라엘의 팔레스타인 완전지배를 위한 분쟁지속 전략의 일환이라는 주장이 설득력을 얻고 있는 이유다.

2008년 12월 가자지구 공격의 명분은 팔레스타인 측의 휴전협정 폐기와 하마스 무장해제였다. 그러나 팔레스타인 측의 휴전협정 폐기는 사실상 6개월 동안 이스라엘이 가자지구를 포위하고 식량, 석유, 의약품의 이동은 물론 사람들의 왕래에 이르기까지 봉쇄조치를 강화했기 때문에 촉발되었던 것이다. 오히려 하마스는 다수당으로 집권한 이후 이스라엘 측에 지속적으로 평화공존의 제스처를 보내왔다.

미국의 제44대 대통령 버락 오바마는 취임 첫날인 2009년 1월 21일 마무드 압바스 팔레스타인 자치정부 수반에게 전화를 걸어 "중동평화를 위해 전면적인 파트너십을 원한다"라고 말했다. 그러나 오바마 행정부는 취임 직전에 있었던 이스라엘의 팔레스타인 공습과 무차별 살상행위에 대해서는 공식적으로 비판적인 언급을 한 바 없다. 오히려 "이스라엘의 안보는 절대적"이라는 표현을 사용함으로써 국제사회의 혼란만 가중시켰다. 미국의 유대인 집단을 대표하는 미국이스라엘공공문제위원회 American Israel Public Affairs Committee의 지원과 지지 없이 미국 대통령에 당선될 수 없다는 말은 미국 정가에서 공공연하다.

● 배다른 형제의 눈물

철저한 휴머니즘에 기반하여 핍진한 민중의 삶을 사실적 기법으로 묘사했던 러시아의 문호 막심 고리끼는 '사람'이란 단어를 항상 대문자로 적었다. '막심 고리끼'란 '지독한 쓰라림'이란 뜻을 가진 필명이었다. 팔레스타인 출신 카투니스트 나지 알 알리가 그린 그림 속의 주인공 '한잘라' 역시 '쓰라림'이라는 뜻이다.

煮豆燃豆萁 (콩깍지로 불을 질러 콩을 볶는구나)
豆在釜中泣 (뜨거워라 콩은 가마솥 안에서 우네)
本是同根生 (본시 한 뿌리에서 나왔거늘)
相煎何太急 (어찌 이다지도 급하게 볶아대는가)
- 조식, 『삼국지』 중

아브라함은 지식이 없이 몸 중인 하갈과 결혼하여 아들을 낳았는데 그 이름이 이스마엘이며, 이후 본처인 사라에게서 다시 자식이 태어나 이름을 이삭이라 하였다. 이스마엘은 아랍민족의 조상이 되어 먼훗날 무함마드(마호메트)를 낳았고, 이삭은 유대민족의 조상이 되어 먼훗날 예수 그리스도를 낳았다.

BC. 586년 신新바빌로니아의 공격으로 유대왕국이 멸망한 이후 유대인과 아랍인들은 제1차 세계대전 이전까지 팔레스타인 땅에서 2,000년 가까이 평화롭게 공존해왔다. 이후 팔레스타인은 로마의 속령을 거쳐 16세기부터 20세기 초까지 오스만터키 제국에 의해 지배되던 식민지였다. 이러한 기나긴 역사 속에서 유대인들은 대부분 유럽을 비롯한 전 세계로 흩어졌으며, 일부만 팔레스타인 지역에 남아 아랍인들과 함께 정착하게 되었다.

디아스포라Diaspora는 원래 팔레스타인 지역에서 유대의 종교와 문화를 지키며 살아가던 유대인 또는 그들의 거주지를 의미하는 용어였지만, 외세에 의해 '약속의 땅'에서 쫓겨나 세계로 흩어져 떠돌던 유대인들의 신산한 역사를 기억하자는 상징적 의미로 오늘날 더 많이 쓰인다. 그리스어에 어원을 둔 디아스포라는 '분산' '이산'을 뜻한다.

19

변화의 조건

위기는 기회다
누군가의

'새로운 인성' 주입을 목적으로
정신질환자의 뇌에 충격을 가하는
쇼크요법

**"충격을 주면 명확한 사고를 하기는 힘들지만
다른 사람의 의견을
잘 받아들인다는 점을 발견했다."**
심리학자 이웬 카메론

스리랑카의 한 해변마을을
관광지로 개발하고픈
호텔개발업자들

하지만
주민투표 결과
삶의 터전과 전통을 지키고자 했던 어민들은
개발업자들의 제안을 거부했다

그리고
2004년 12월
평온했던 해변마을에 불어닥친
살인적인 지진해일

쓰나미

20분 만에 4만여 명이 죽거나 다치고
해안선의 4분의 3 이상이 종적을 감추었다

어민들의 불안과 공포는
개발업자들에게
기회와 희망이었다

"거대한 불도저처럼 해변을 정리한 쓰나미는
개발업자들이 꿈도 못 꾸던 기회를 제공했다."

쓰나미 이후
세계은행과 IMF의 권고에 힘입어
폐허가 된 해안지역은 호텔개발업자들에게 헐값에 매각되고
사유화된 공항
사유화된 고속도로
그리고 관광단지가 새롭게 조성된다

어민들은 4년이 지난 현재까지
보금자리로 돌아가지 못하고 있다

● 거대하고 위대한 패닉룸 Panic Room

〈화씨 911 Fahrenheit 9/11〉로 칸느영화제 황금종려상을 수상한 마이클 무어 Michael Moore 감독의 2002년 다큐멘터리 〈볼링 포 콜럼바인 Bowling For Columbine〉은 콜로라도 리틀톤의 콜럼바인 고등학교에서 벌어진 끔찍한 총기난사 사건에서 출발한다. 끔찍한 사고의 원인을 밝히는 긴 여정에 돌입한 마이클 무어는 일본 39명, 호주 65명, 영국 68명, 캐나다 165명, 프랑스 255명, 독일 381명 그리고 미국 11,127명이라는 연간 총기관련 사망자수를 나열하며 "왜 미국만이 이런 폭력 속에서 살아야 하는가?"를 집요하게 묻는다.

마이클 무어는 미국 총기협회 회장 찰톤 헤스톤 Chalton Heston의 집까지 찾아가 총기사고로 죽은 아이들의 사진을 놓고 오는가 하면, 청소년 총기폭력의 원흉으로 지목되곤 하는 사타니즘 뮤직의 대부 마릴린 맨슨 Marilyn Manson과도 인터뷰한다. 아이들에게도 개당 17센트에 총알을 박스째 파는 K마트 본사에 가서 판매중지를 요구하는 마이클 무어의 모습은 감독이라기보다는 절박한 평화운동가처럼 보인다.

이 영화가 말하고자 하는 바를 보다 분명하게 보여주는 것은 과격한 MTV 개그만화 〈사우스 파크 South Park〉의 작가 맷 스톤과 트레이 파커가 제작한 10분짜리 애니메이션 〈짧은 미국사 A Brief History of the Unite States of America〉였다. 이 애니메이션은 미국인들이 인디언의 땅에 정착한 이래 어떻게 지속적으로 폭력을 사용해 적을 만들고 스스로 폭력적이 되어왔는가를 단숨에 보여준다. 스스로(!) 공포와 두려움을 만들어 총구를 가상의 적에게 들이대지 않고는 견디지 못하는 미국의 실체를 조롱한 것이다. 이들의 문제의식은 미국사회의 만성적이고도 파멸적인 폭력의 본질이 결국 타자에 대한 두려움에 기인한다는 것으로부터 시작해 이를 확대재생산하는 정치와 미디어로까지 확장된다.

〈화씨 911〉에서도 마이클 무어는 이러한 문제의식을 놓치지 않는다. 9·11 테러 자체에 대해서도 의구심을 멈추지 않지만, 마이클 무어는 사건 이후 일명 '애국법'의 제정과 테러공포의 확대가 어떻게 권력지배구조

를 강화하고 있는가를 집요하게 추적한다. 〈화씨 911〉과 애니메이션 〈짧은 미국사〉는 미국사회가 타자에 대한 두려움에 중독된 시스템으로 성장해온 과정은 물론 자본과 지배세력들이 그러한 공포시스템을 어떻게 이용하고 있는가를 노출시킨 문제작들이다.

● 충격, 공포 그리고 적대적 공생

대한민국의 현대사는 식민지배와 동족상잔이라는 양대 비극에서 시작된다. 역사적 조건으로 보면 미국사회보다 더욱 공포에 취약할 수밖에 없는 운명인 셈이다. 이승만 정권 이래로 대한민국에는 늘 (정치적으로) 공포를 생산하는 타자들이 있었다. 첫 번째는 단연 '북한 빨갱이'였다. 쿠데타로 얼굴만 바꾼 군사정권이 정치적으로 위기에 처할 때마다 가동되어왔던 공포시스템은 바로 '전쟁위험'이었다. 간첩단 사건, 무장공비 침투, '귀순용사'의 탈북, 휴전선 총기사건 등은 대부분 선거철에 맞춰 발생했다. 그럴 때마다 여지없이 풀뿌리처럼 끝없이 분기하는 조직도와 독침, 난수표, 단파라디오의 스펙터클이 뉴스를 장식하곤 했다.

한국 현대사에서 북한과 빨갱이라는 공식을 대입시켜 정권이 잠재우지 못한 비판세력은 거의 전무했다. 한국사회의 정치적 미성숙과 질곡은 북한이라는 또 다른 미성숙과 질곡의 타자가 있으므로 가능했다는 분석도 있다. '적대적 공생'이라는 한국현대사의 패러독스가 발딛고 있는 자리다.

1986년 10월의 금강산 댐 사태는 전쟁공포를 과장하여 정권이 정치적 이득을 취하려 했던 가장 극명한 사례다. 북한이 금강산에 대규모 댐을

지어 폭파하면 서울이 수몰된다는 시나리오는 한때 그럴듯한 모형 및 시뮬레이션 화면과 함께 연일 뉴스와 신문지면을 뒤덮었다. 1988년 서울올림픽을 방해할 목적으로 북한이 200억 톤을 저수할 거대 댐을 짓고 있으며, 이를 이용해 수공을 감행하면 서울의 3분의 1이 순식간에 수몰된다는 주장이었다. 이 잠재된 국난에 대비하기 위해 대응 댐을 지어야 한다는 정부의 논리에 따라 국민학생들까지 모두 동원된 대대적인 국민모금운동이 진행되었다.

국민성금 600억 원 포함 총 1,700억 원의 예산이 투입된 평화의 댐은 1987년 2월 28일 1단계 기공식이 진행되어 1988년 5월 화천댐 상류에 1차 완성되었다. 그러나 문민정부가 들어선 1993년, 감사원은 북한의 금강산 댐의 담수량이 최대 50억 톤에 불과해 전혀 전술적 위협이 되지 않으며, 폭파하여 순간방류하더라도 기존의 댐들만으로 충분히 방어할 수 있는 양이라는 결론을 내렸다. 이에 평화의 댐 2단계 사업은 흐지부지되었고, 결국 금강산 댐은 남침공포를 조장하기 위한 1,700억짜리 정치사기극에 불과했던 것으로 판명났다. 성금의 용처와 관련하여 여러 가지 착복비리가 속속 밝혀지기도 했다.

1987년 '6월항쟁'의 결과 전두환 군사정권은 국민의 요구를 수용해 대통령 직선제 개헌을 받아들였다.

그해 11월 대한항공 여객기 폭파사건이 일어나 용의자 김현희가 국내로 압송되었다. 12월 27일 대통령 선거에서는 노태우 후보가 36.3%의 득표율로 대통령에 당선되었다.

● CIA가 지원한 슈퍼 울트라 캡짱 엽기 프로젝트?

한국전쟁에서 포로로 잡힌 미국병사들이 카메라 앞에서 자발적으로 자본주의와 제국주의를 비난하는 모습이 대대적으로 언론을 타면서 서방

> 금강산 댐

세계는 큰 충격에 빠졌다. 급기야 1951년 6월 캐나다 몬트리올의 리츠칼튼 호텔에서 미국 CIA 대표 2인을 포함, 영국과 캐나다의 정보관계자들이 한자리에 모였다. 이들은 '공산주의자들은 도대체 어떤 방법으로 세뇌를 시키는 것일까?' '어떻게 해야 공산주의자들의 세뇌에 대비할 수 있을까?' 등의 문제들에 관해 심각하게 논의했다.

이 모임에서 캐나다 맥길 대학의 심리학과장인 도널드 헵Donald Hebb 박사는 "극도의 고립상태에 놓인 포로들에게 '감각 투입'을 통해 심리를 조종했을 것"이라는 가설을 제시했다. 이후 도널드 헵은 캐나다 국방부의 지원 하에 "인식 박탈 기간과 그 직후 얼마동안은 일시적으로 지적 능력이 떨어지게 된다"는 실험결과를 확보했다. 인식 박탈의 결과 피실험자는 공간과 시간을 인지하지 못하고 극도로 혼란스러운 공허의 상태에 빠지게 된다는 것이다. 인식 박탈이란 극도로 통제된 공포와 고립의 상태에서 피실험자가 어떠한 감각도 느끼지 못하도록 만드는 것이다.

도널드 헵의 연구결과를 접한 미국 CIA는 역시 맥길 대학의 이웬 카메론Ewen Cameron 박사에게 기부금 명예의 사금지원을 통해 이 연구를 더욱 진척시켜줄 것을 의뢰한다. 일명 MK Ultra 프로젝트였다. 이웬 카메론은 먼저 지하실을 정교하게 개조하여 '고립실'이라는 실험실을 만들고 이곳에 수용된 피실험자에게 짙은 색의 고글과 고무 귀마개를 착용시키고 손과 팔은 골판지 튜브에 넣어 외부를 지각하거나 자신의 신체를 촉각하지 못하도록 조치했다. 그리고 그들은 LSD와 PCP 등 환각물질이 다량 투여된 상태에서 하루 20~22시간의 수면을 유도받았다. 피실험자에게는 1개월 동안 360회 정도의 전기충격도 가해졌는데, 실험은 최단 15일에서 최장 65일까지 이어졌다. 나중에 이웬 카메론은 실험을 위해 환자 본인이나 가족의 동의를 구하지 않고 정신병 치료나 신약 처방 등의 거짓된 명목을 동원했다는 이유로 도덕성, 불법성 논란에 휘말리기도 했다. 피실험자들은 실험 후 기억상실증 등 심각한 후유증에 시달린 것으로 보고되었다.

이웬 카메론은 1960년 논문을 통해 인간이 시공간 이미지를 유지하려면 '지속적인 자극'과 '기억'이라는 두 가지 요소가 필수적이라고 결론지

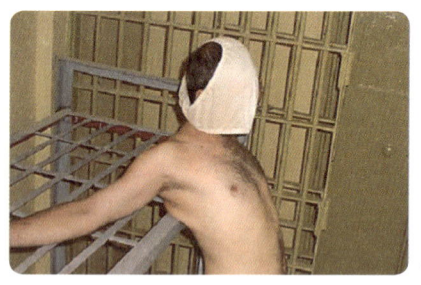
미군 아브그레이브 수용소의 이라크인 학대 장면.
『워싱턴 포스트』 2004.05.06.

었다. 전기쇼크를 통해 기억을 말소시키고 고립실을 통해 자극 투입을 막은 결과 피실험자들은 시공간적으로 자신의 위치 및 존재감을 전혀 파악하지 못하게 되었다는 충격적인 내용이었다. 그는 이렇듯 백지상태가 된 피실험자에게 반복적으로 녹음된 내용을 들려주는 방식으로 '심리조종'을 시도했다고 밝혔다.

1970년대 후반 미국의 '정보공개법'에 따라 이웬 카메론 박사의 불법적이고 비인도적인 실험을 CIA가 후원했다는 것과, 이로써 미국의 '비공식적인' 고문기법이 획기적으로 발전했다는 사실이 뒤늦게 밝혀졌다.

● 군산복합체는 재난자본주의복합체의 일부분일 뿐이다!

『쇼크 독트린』의 저자 나오미 클라인Naomi Klein은 MK Ultra 프로젝트의 의미에 대해 이렇게 말한다.

"이 프로젝트의 핵심은 충격과 공포를 통해 사람의 기억을 지우고 감각을 박탈함으로써 모든 것을 조종하는 사람의 뜻대로 만들 수 있다는 것이다."

나오미 클라인은 9·11 테러 이후의 미국, 미국 침공 이후의 이라크, 쓰나미 이후의 스리랑카, 흑인정권 하의 남아공, 허리케인 카트리나 이후의 뉴올리언스, 사회주의 붕괴 이후의 러시와와 동구권, 칠레 피노체트 정권 하의 경제개혁, 금융위기가 휩쓸고 간 1997년 이후의 아시아 그리고 목하 총체적인 금융위기를 맞고 있는 세계 등을 예로 들며 이렇듯 획

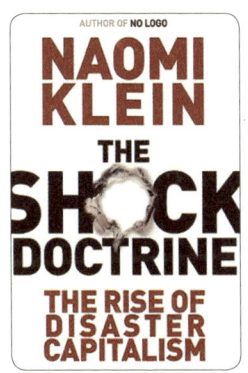

기적인 변화의 근저에는 충격과 공포라는 초기화 기제가 작동하고 있다고 주장했다. 그런 의미에서, 2003년 3월 이라크를 침공한 미군의 작전명이 '충격과 공포Shock and Awe'였다는 사실은 공교롭지만 의미심장하게 읽힌다. 안병진 경희대 정치학 교수는 '미국의 이라크 침공의 논리-충격과 공포의 정치학'이라는 글의 도입부에서 할리우드 영화 〈갱스 오브 뉴욕Gangs of New York〉의 유명한 대사 한 구절을 인용했다.

"이 나이 될 때까지 살아남은 이유를 아는가? 공포, 두려움, 협박의 결과지. 누가 훔쳐가면 손을 잘라버리고, 대들면 혀를 잘라버리고, 나한테 대항하면 머리를 잘라 창에 걸어 놓았다. 높이 달아 모든 사람들이 볼 수 있게 하는 거야. 그게 모든 것을 제대로 유지하는 방법이지. 두려움!"

나오미 클라인은 "오직 위기만이 진정한 변화를 만들어내고, 위기가 발생하면 쇼크요법으로 치유해야 한다"라고 주장했던 신자유주의 경제학의 대부 밀턴 프리드먼Milton Friedman과 시카고학파의 입장에 대해 "파괴와 창조, 손상과 치료를 구별하지 못했다"고 비판한다. 또한 충격과 공포를 이용하여 자본을 확대재생산하는 현대사회의 이러한 경향성을 재난자본주의Disaster Capitalism라는 용어로 요약하며 이렇게 결론짓는다.

"쇼크 독트린 신봉자들이 보기에, 마음껏 그릴 수 있는 백지를 만들어내는 위대한 구원의 순간은 홍수, 전쟁, 테러 공격이 일어날 때다. 우리가 심리적으로 약해지고 육체적으로 갈피를 못 잡는 순간이 오면, 이 화가들은 붓을 잡고 자신들이 원하는 세상을 그려나가기 시작한다. 재난자본주의복합체는 군산복합체보다 활동반경이 넓다."

허리케인 카트리나의 충격 이후 미국 뉴올리언스의 공립학교들 대부분이 사립학교로 대체됐다. 이에 신자유주의 성향의 두뇌집단인 미국기업연구소AEI는 "루이지애나의 교육개혁가들이 몇 년 동안 못 했던 일을 카트리나가 단 하루 만에 해냈다"라고 논평했다.

20

Frame

'아' 다르고 '어' 다른 이야기

미국 대통령 조지 W. 부시가
선거유세 및 국정연설에서
자주 사용한 용어

세금구제 tax relief

'세금구제'와 '세금감면 tax cut'의 정책적 차이점은?

없다

그러나
'구제 relief'라는 '언어'를 들었을 때
사람들의 머릿속에 떠오르는 생각…

❶ 구제가 있는 곳엔 고통이 있다
❷ 고통을 덜어주는 누군가는 영웅이다
❸ 영웅을 방해하는 자는 악당이다

여기에 '세금'이 결합되면?

① 세금이 있는 곳엔 고통이 있다
② 세금을 덜어주는 누군가는 영웅이다
③ 영웅을 방해하는 자는 악당이다

'세금구제'는
누군가를 영웅으로
누군가를 악당으로 만든다

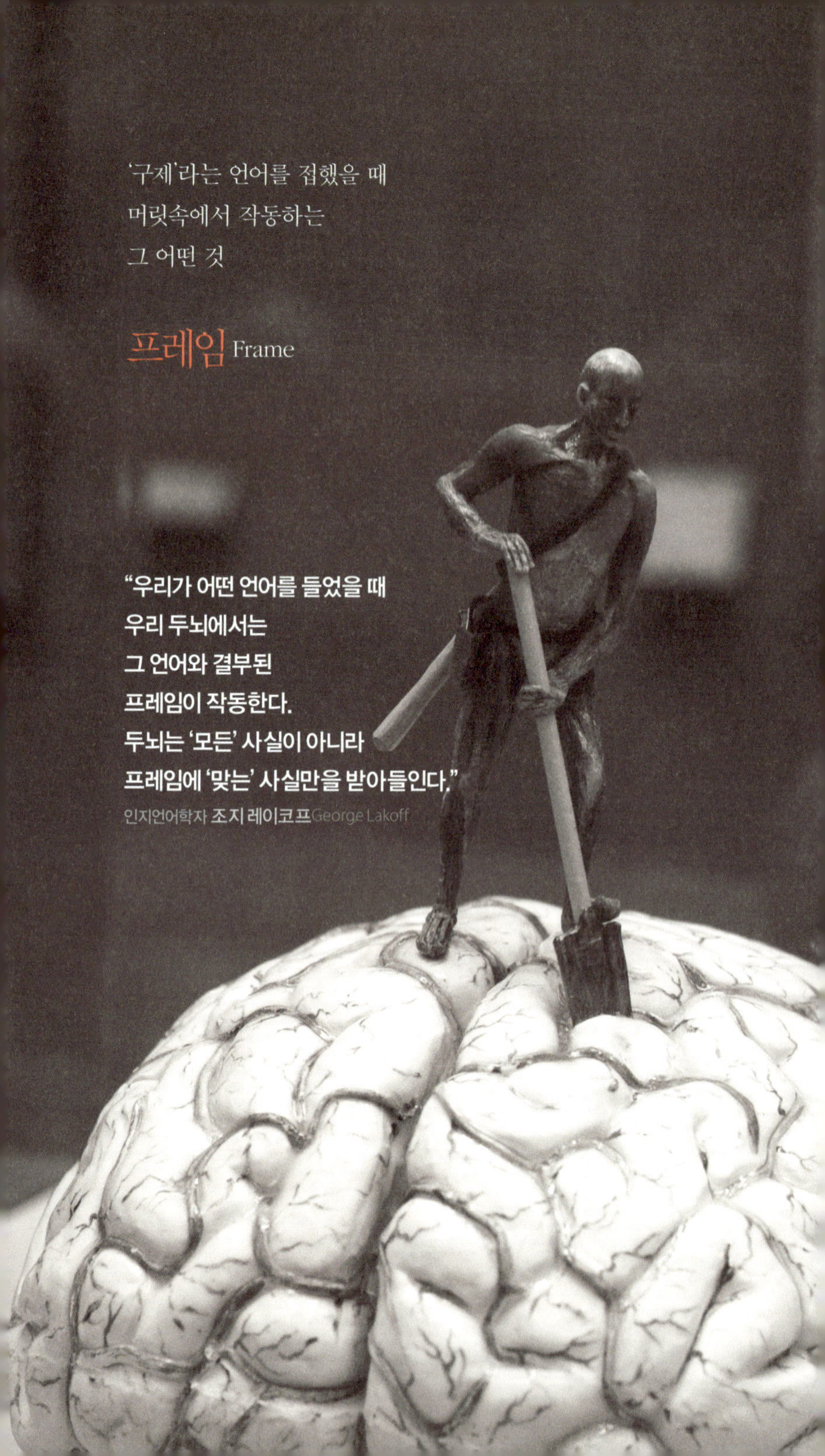

'구제'라는 언어를 접했을 때
머릿속에서 작동하는
그 어떤 것

프레임 Frame

"우리가 어떤 언어를 들었을 때
우리 두뇌에서는
그 언어와 결부된
프레임이 작동한다.
두뇌는 '모든' 사실이 아니라
프레임에 '맞는' 사실만을 받아들인다."

인지언어학자 **조지 레이코프** George Lakoff

만약
세금'구제'가 아니라
세금'투자'라는 말을 쓴다면?

❶ 투자는 버리는 것이 아니다
❷ 투자는 수익을 창출한다
❸ 투자는 미래를 위한 것이다

'세금'은
고속도로를 만들고
지하철을 만들고
학교를 짓고
놀이터를 만들고
신호등을 설치하고
가로등을 설치하고
정부를 만드는
'투자'

그 '수익'은
우리 모두와 우리 아이들의 몫

세금투자 tax investment

● 경제대통령은 생각하지 마

프레임 이론은 인간의 지식을 '프레임 Frame'이라는 데이터 구조를 사용하여 표현하고, 더 나아가 언어 이해, 패턴 인식, 문제 해결 등과 같은 지적 활동을 외부로부터의 입력과 내부 프레임과의 상호작용으로 보는 연구방식이다. 저명한 언어학자이자 미국패권주의에 대한 치열한 내부고발자 whistle blower 이기도 한 노엄 촘스키 Avram Noam Chomsky 의 수제자 조지 레이코프 George Lakoff 는 『코끼리는 생각하지 마』라는 저서를 통해 이러한 인지이론을 언어학 및 담론체계와 연관시켜 현실정치의 작동방식을 설명했다.

조지 레이코프에 따르면, 화자가 "코끼리를 생각하지 마"라고 말하자마자 청자가 코끼리를 연상한다면 이는 실패한 커뮤니케이션이다. 화자가 제거하고자 하는 이미지를 화자 스스로 사용함으로써 오히려 더욱 강화시켰기 때문이다. 말하자면 "코끼리를 생각하지 마"라는 발언 자체가 이적행위인 셈이다. 특히 정치현장에서 적절한 의제는 반드시 적절한 언어적 표현을 통해 담론체계 혹은 프레임을 선점해야 현실적인 효과를 얻을 수 있다는 주장이다.

프레임 이론은 한국의 정계에서도 상당히 일반화되어 사용되고 있다. 지난 2007년 대선을 프레임 이론에 근거해 분석하는 사람들도 많은데, 일단 '경제대통령'이라는 새로운 프레임을 선점한 한나라당 쪽이 의제를 좌우했고, 민주당은 이에 상응하는 설득력 있는 프레임을 만들어내지 못했기에 패배했다는 식이다.

다시 프레임 이론에 의하면, '경제대통령'이라는 프레임에 맞서 "그렇지 않다. 아무개는 경제대통령이 될 수 없다."라고 주장하는 것은 가장 최악의 대응이 된다. 이미 유권자들은 '경제'라는 거대한 프레임 안에서 모든 언어와 의제를 해석하고 있기 때문에 '경제대통령'이라는 프레임을 부정하는 것은 오히려 적의 프레임을 반복해주는 셈이기 때문이다.
흥미로운 것은 검찰이 구속한 인터넷논객 '미네르바'의 사례다. 이명박 정부는 정권획득의 일등공신이라 할 수 있는 '경제대통령'이라는 프레임을 야당도, 시민단체도 아닌 일개 '네티즌'에게 빼앗김으로써 담론의 약자로 전락하는 치욕을 경험했다.
'프레임'이라는 개념이 정치적 역량계를 설명하는 데 가장 효율적인 키워드라는 공감대가 퍼지면서 한국 정가에서는 이 용어를 지나치게 애용하는 경향도 있는 것이 사실이다.
청와대 국민소통비서관실 행정관 이 모가 2009년 2월 3일 경찰청 홍보 관계자에게 "용산 참사로 빚어진 경찰의 부정적 프레임을 (강호순)연쇄살인사건 해결이라는 긍정적 프레임으로 바꿀 수 있는 절호의 기회"라며 "언론이 경찰의 입만 바라보고 있는 실정이니 계속 기사거리를 제공해 촛불을 차단하는 데 만전을 기하기 바란다"라는 내용의 이메일을 보낸 것으로 밝혀졌다. 이와 관련하여 2월 13일 박병국 경찰청 홍보담당관은 "청와대 행정관이 전화를 걸어와 '내가 시디이기 있으니 메일로 정리해 보내겠다'고 해 '다음'에 개설한 개인 이메일 주소를 알려줬더니 곧바로 메일이 왔다"고 설명하면서 문제의 이메일 송수신이 어디까지 '개인적 차원'에서 이루어진 것임을 강조했다. 처음에는 부인했다가 뒤늦게 이러한 사실이 있었음을 인정한 청와대 측은 문제의 행정관에게 '구두경고 조치'했다가 2월 15일 "이 씨가 스스로 책임을 지고 사표를 냈다"며 "곧 수리가 될 것"이라고 밝혔다. 이에 대해 야당 측은 "5급 행정관이 직속상관인 홍보기획관도 모르게 이런 메일을 보냈을 리 없다"며 진상규명을 촉구한 바 있다.

● 인간의 무의식이 세상의 본질을 무시하는 법

프레임 이론이 언어적 커뮤니케이션과 밀접한 관계가 있는 이론이라면, 게슈탈트 이론은 주로 시각적 커뮤니케이션과 관련된 인지심리이론이다.

게쉬탈트Gestalt란 독일어로 자체적 구조 내지 체제를 갖는 '형태'를 의미한다. 독일의 심리학자 막스 베르트하이머Max Wertheimer에 따르면, 인간에게는 대상의 형태를 무리지어 지각하려는 심리가 있으며, 구체적이고 전체적인 특성을 갖는 법칙성에 따라 지각의 성격이 규정된다고 한다.
게쉬탈트 이론은 베르트하이머, 쾰러, 코프카, 레빈 등 소위 베를린학파가 제창한 심리학설로 다른 말로는 '형태심리학'이라고도 한다. 게쉬탈트 이론이 제시한 구체적인 게쉬탈트 법칙에는 ①근접성의 법칙 ②유동성의 법칙 ③연속성의 법칙 ④공동운명의 법칙의 4가지가 있다.
예컨대 '근접성의 법칙'에 따르면, 우리는 단체사진에서 대통령 같은 '주인공'과 가장 가까이 서 있는 사람을 대통령과 가장 밀접한 관계에 있는 사람으로 인지하는 경향이 있다. 중심인물 옆으로 비집고 들어가거나 뒷줄에서라도 가까이 있으려는 정치인들의 사진찍기 습성이 설명되는 대목이다. 요즘 인터넷에서는 이러한 종류의 사진들을 '기가 막힌 위치선정'이라는 말로 표현하기도 한다.
게쉬탈트 법칙들은 경험적으로도 쉽게 증명되는바 디자인이나 커뮤니케이션 분야에서 많이 활용된다. 프레임 이론과 마찬가지로 이러한 인지이론들은 인간이 그 내용이나 본질과 무관하게 어떻게 외부의 조건들을 이해하고 소화하는지를 설명해준다. 바꾸어 말하면, 미디어와 담론체계는 얼마든지 왜곡과 조작이 가능하다는 뜻이기도 하다.

● 인터넷과 청와대의 프레임 대전

2009년 1월 16일 청와대는 이명박 대통령의 '어록'인 『위기를 기회로』를 발간·배포했다. 총 220쪽 분량의 이 서적에는 '활기찬 시장경제' '선진 일류국가' '섬기는 정부' 등 7개 분야에 걸친 이 대통령의 주요 의제와 2009년 1월 2일에 있었던 신년국정연설 전문이 담겼다.
청와대 측에서 소개한 이명박 대통령의 10대 어록은 다음과 같다.

○ 우리 사회에 따스함을 주는 '긍정적 바이러스'를 전파해주기 바랍니다.
○ 미래는 새로운 꿈을 갖고 불가능에 도전하는 자들의 것입니다.
○ 일할 수 있도록 해주는 것이 최대, 최선의 복지입니다.
○ 우리가 꿈꾸는 선진 일류국가는 개인의 행복과 국가의 발전이 조화를 이루는 나라입니다.
○ 법치가 무너지면 자유민주주의도 사상누각에 불과합니다.
○ 녹색성장은 선택이 아니라 필수입니다.
○ 일하다가 실수하는 것이 일하지 않고 실수하지 않는 것보다 낫습니다.
○ 아무리 큰 유전(油田)도 훌륭한 과학자 한 사람보다는 못합니다 .
○ 사람이 최고의 자원입니다.
○ 자신의 역사를 부정하는 국민에게 미래는 없습니다.

청와대 측은 이러한 책자 발간의 취지에 대해 "공직자들이 대통령의 국정철학을 공유하여 정책 수립과 집행을 효과적으로 추진하는 데 도움을 주기 위한 것"이라고 설명했다. 이를 두고 "이례적으로 임기 말이 아닌 집권 1년 만에 '어록'을 발간한 것은 취임 이후 정치적 위기와 지지율 하락 등의 악재를 새로운 프레임 형성을 통해 극복하고자 하는 의도가 있는 것"이라는 분석이 있다.

게쉬탈트 이론의 측면에서 보자면, 책이라는 단일한 매체에 어록이라는 형식을 빌려 의제들을 일관성 있게 정렬하는 것은 연속성, 근접성, 공동운명성 등을 확보할 수 있다는 장점이 있다. 그런 의미에서 볼때 대통령의 어록 발간은 "이명박 정부의 정책과 발언들에 일관성이 없으며 항상 '오해다'를 입에 단 채 해명에만 급급하다"라는 식의 비판에 대한 대응으로도 읽을 수 있겠다.

한편, 네티즌들은 어록 발간 소식이 유포된 즉시 이명박 대통령의 '문제적 발언'들만 모아서 또 다른 어록을 만들어 인터넷공간에 배포하기도 했다. 그러나 이는 그닥 큰 반향을 일으키지는 못했다. 역시 '코끼리'(어록)는 이미 청와대가 선점했기 때문일까?

part 3 다시 삶의 테두리 속으로

세상에서 가장 싼 밥
구멍 없는 구멍가게
3년
논에서 들려온 이야기
감자굴 상학이
494,011개의 꿈
산소의 무게
가장 적합한 자의 생존
'위험'한 힘
최고의 자격

3

in vivo

21

세상에서 가장 싼 밥

백숙 한 마리 삶아주고 3천 원~

국제 유가 사상최대 폭등
원자재값 곡물가격 상승

agriculture + inflation

agflation

농산물 가격상승에 따른 물가앙등

밀가루 **20**kg
25,000원 ⇨ **45,000원**

식용유 **9**ℓ
8,500원 ⇨ **16,000원**

주요 식재료 50% 인상
덩달아 치솟는 음식값…

그러나
서울 도심의 어느 밥집골목에는
30여 년째 오르지 않는
메뉴판이 있다

"거저지요, 뭐. 요즘 세상에…
먹으면서도, 이래가지고 얼마나 남을까 싶지…
다른 데는 사천 원씩 받는 걸 천오백 원에 파니…"

비현실적인 가격을 지키기 위한
식당의 원가절감 비책

❶ 이른 새벽에 가게문을 연다!
❷ 설거지는 국수 삶은 물로!
❸ 모든 뚝배기는 예열해서 쓴다!
❹ 모든 서비스는 풀셀프로!

"싸다면 싸지만
없는 사람들한테는 천오백 원도
엄청나게 비싸다고 봐야죠.
천 원 받던 걸 천오백 원으로 올리니까
손님 절반이 끊겼어요."
종로구 ㅉ식당 장인종 사장

"천이백 원밖에 없다,
이백 원이 모자란다, 삼백 원이 없다…
그런 사람들한테는 그냥 다 줘요."
종로구 ㅅ식당 권영희 사장

어스름한 새벽부터 늦은 밤까지
터무니없이 싼 밥집을 찾는 손님들은
온종일 거리를 헤매는 택시기사들
주머니 가벼운 노인들
하루 벌어 하루 사는 일용직들
한 끼가 절실한 노숙자들이다

세상에서 가장 싼 밥에는
그러나
결코 싸지 않은
고집들이 담겨 있다

"이 자리에서 장사를 하는 동안은
올리지 않을 작정을 하고 있습니다."
종로구 ㅅ식당 배종수 사장

"다 그만 하라고 하죠.
온 식구들이 말리는 거
내가 그냥 고집부리면서 하는 거예요."
종로구 ㅅ식당 권영희 사장

"손님들이 드시고
오천 원짜리보다 맛있다고
격려들을 많이 하십니다.
자부심이라면 그런 게 자부심이죠."
종로구 ㅉ식당 장인종 사장

22

구멍 없는 구멍가게

365일 연중무휴로 찍어대는
바코드의 스펙터클

1996년
국내 유통시장 개방 이후
대형할인점
10배 이상 급증

2001년 이후
소규모 슈퍼, 구멍가게
1만1,400여 곳 폐업

가격
시설
서비스
경쟁력

어느 하나로도
소비자를 자극하지 못하는
구멍가게

자본
기술
지식
정보

어느 하나도 가지지 못한
구멍가게 사람들

4無 완패!

350~1,000평 규모의 대기업 슈퍼마켓들은
골목상권까지 잠식
재래시장과 구멍가게를 모두 죽였다

그래도
구멍가게에 갈 수밖에 없는
사람들…

"소주 한두 병 사려고 대형할인점까지 갈 수도 없고
거기서 왕창 살 물건도 돈도 없지, 뭐.
조금 비싸지만 구멍가게는 외상도 되고…"

가난한 사람이 더 비싸게 살 수밖에 없는 세상

"중소유통업체 보호를 위해
대형마트를 규제하는 것은
세계무역기구WTO 규범에 위배된다."
산업자원부

수많은 사연에 얼룩져
헤매도는 만신창이
이것도 저것도 안 되는 인생
나갈 구멍 없는
구멍가게 인생

가여운 찰나 못난 인생
어쩌나 기왕에 내친 길
돈에 억눌리지 말고
희망탑을 세워보세

15년째 구멍가게를 운영하고 있는 어느 할아버지의 자작시 중에서

23

3년

10원이 넘치는
약속

2005년
인터넷의 한 구인광고

기륭전자(주)에서 일할 분
월 64만1,850원

"당시 법정 최저임금보다
10원이 많은 임금이었지만
일할 수 있어 행복했다."

그리고 3년이 지난 어느 날

"아줌마!
문자로 해고됐다고 통보했는데 왜 나왔어요?"

휴대폰 문자메시지를 사용할 줄 몰랐던
'아줌마'는
공장 정문 앞에 드러누워
대성통곡을 하다 돌아갔다

이후 '아줌마들'에게 도착하는
똑같은 내용의 문자메시지들…

해고의 이유는 다양했다
결근
말대꾸
잡담

2005년 7월
노동조합에 가입한 200여 명은
모두 문자메시지로 해고통보를 받고
2005년 8월 24일
'부당해고'에 맞선 복직투쟁을 시작한다

"기계가 뻑뻑하면 기름도 치고 닦아서 쓴다.
결국 우리 비정규직은 기계만도 못한,
한 번 쓰고 버리는 휴지 같은 존재였던 거다."
전 기륭전자 노동자 **오석순**

그땐
그렇게 오랜 시간이 흐를 줄
아무도 몰랐다

2005년 8월 24일부터
2008년 8월 현재까지
3년

"반드시 현장으로 돌아가겠다는
희망을 가지고
그동안 안 해본 일이 없습니다.
단식, 삭발, 삼보일배, 고공투쟁,
노숙투쟁을 진행하면서
비정규직의 설움을 온몸으로 느꼈습니다."
기륭전자 노조농성 1,040일째 되는 날 **한 여성조합원**

그리고
목숨을 건
단식…

2008년 8월 8일
두 명의 여성조합원은
단식 59일째를 맞고 있었다

"기룡 여성노동자들의 몸상태가
이미 의학적 한계를 넘어섰다.
몸에 저장돼 있던 영양소를 다 소모했고
이들의 심장은 제 기능을 하지 못하고 있으며
폐에는 물이 차 있는 상태다."
보건연합

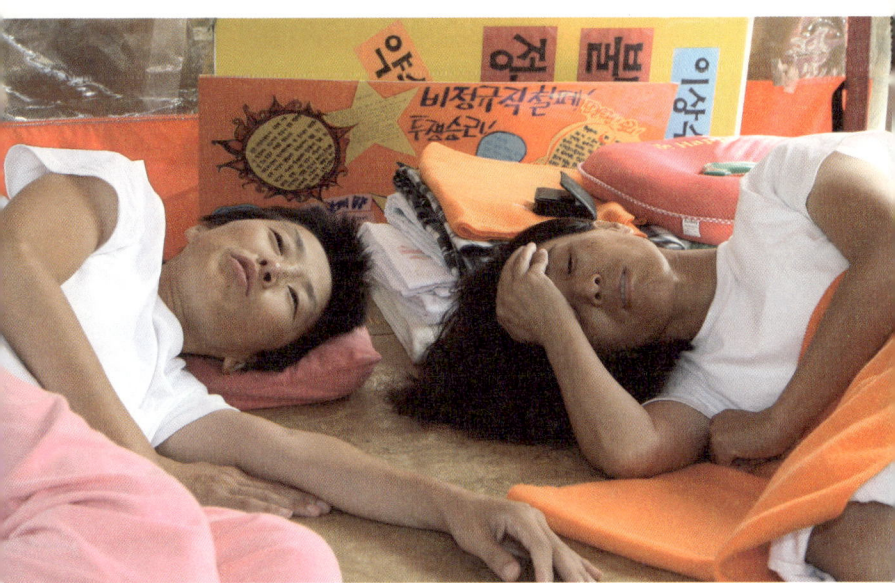

ⓒ 오마이뉴스

2007년 3월 기준
대한민국의 비정규직 노동자 수는
전체 임금노동자의 절반을 넘어선

858만 명
한국노동사회연구소 집계

전체 20대 임금노동자의 49%가
비정규직이다

"임금이 낮고 고용이 불안한 비정규직들이
소비를 늘리지 않으니
장기적으로 국내 소비력이 떨어져
경제성장의 기반이 파괴될 수밖에 없다.
비정규직이 지금 이상으로 늘어난다면
한국사회에서의 빈민비율은
러시아 등 준 독재형 개발국가에서나 볼 수 있는
30%에 도달할 것이고
민주주의의 사회적 기반은 무너지고 말 것이다."

노르웨이 오슬로국립대 한국학 교수 **박노자**

● '비정규직'이라는 이름의 새로운 계급

2009년 1월경 한겨레신문은, 부산의 ㄷ조선이 2008년 12월 18일부터 45인승 통근버스의 앞자리에는 정규직원이, 뒷자리에는 협력업체 직원이 앉도록 하는 좌석지정제를 시행하고 있다고 보도했다. 1950년대 미국에서 버스의 흑백분리 지정석 때문에 일어났던 '몽고메리 버스 보이콧 사건'을 떠올리게 할 만한 소식이었다. 비슷한 시점에 경향신문은, 서울의 모 병원이 구내식당에서 비정규직 직원에게는 색깔이 다른 식권을 배포하고 배식줄도 다르게 서게 하고 있다고 보도했다. 군대의 장교식당을 떠올리게 할 만한 소식이었다. 2009년 1월 3일 KBS에 출연한 이영희 노동부장관은 "기간제근로자의 사용제한 기간을 현행 2년에서 4년으로 늘려야 한다"는 견해를 밝혔다. 경총 대표가 아니라 노동자의 권익을 위해 존재하는 대한민국의 노동부장관이 한 말이어서 더욱 논란이 되었다.

매출 1,700억 원, 당기순이익 220억 원 규모의 중소기업 기륭전자의 성공신화는 파견노동자들의 피땀으로 이룩한 것이었다. 생산직 직원 300여 명 중 파견직 노동자만 250여 명이지만, 회사 측은 파견직 노동자들을 투명인간처럼 취급했다. 기륭전자 해고노동자들은 "회사 간부들은 눈길은 고사하고 인사조차 받지 않았다"라고 말한다. 매달 70~100시간의 잔업과 특근을 마다하지 않았지만 파견직 노동자이기에, 더구나 여성이기에 월급봉투는 항상 정규직보다, 남성동료보다 얇았다. 이들이 받은 월급은 당시 최저임금 기준보다 10원 많은 64만1,850원.

사측은 근태가 좋지 않다는 이유로, 실적이 나쁘다는 이유로, 심지어는 아무 이유조차 없이 야근을 마치고 퇴근한 파견직 여성노동자들에게 문자메시지를 보내 일방적으로 해고를 통보했다. 사실상 노조가입이 해고의 이유였다. 기륭전자에서 해고된 비정규직 노동자들은 1,000일을 넘게 싸웠지만, 처음에 200명이던 투쟁동료는 10명으로 줄었다.

2008년 10월 21일 오전 10시 30분, 기륭전자 조합원과 인권단체연석회의, 민가협 회원 등 20여 명이 서울 미근동 경찰청 건물 앞에서 기자회견을 열었다. 이들은 "어제(20일) 기륭전자 직원들과 용역원들이 조합원

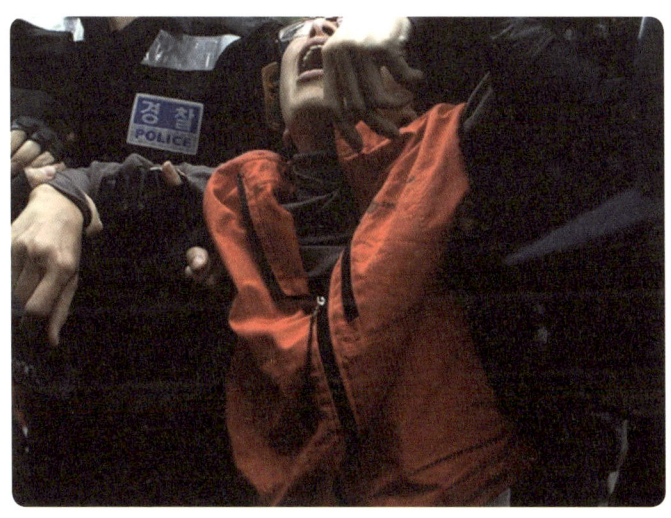

© 프레시안

등을 집단폭행하는 동안 현장에 있던 경찰은 어떠한 조치도 취하지 않았으며, 오히려 항의하는 시민들을 방패로 찍고 주먹으로 때리며 연행하는 작태를 보였다"고 주장했다. 이날은 제63주년 '경찰의 날'이었다.

언론은 더 이상 기륭전자 해고노동자들의 문제를 다루지 않고 있다. 이랜드 비정규직 여성노동자들의 투쟁은 노조지도부의 사퇴를 조건으로 500일 만에 복직 타결되었지만, KTX 비정규직 여성노동자들의 투쟁은 이미 800일을 넘어서고 있다. 일자리 창출보다는 일자리 나누기Job Sharing가 권장되는 장기불황 속에서 비정규직은 노동자 내부의 또 다른 하위계급으로 고착되고 있다.

● 삶의 근저를 흔드는 '밥줄의 유연성'

2007년 7월 1일부터 시행되는 제정 및 개정 법률은 '기간제 및 단시간근로자 보호 등에 관한 법률'(제정)과 '파견근로자 보호 등에 관한 법률'(개정) 및 '노동위원회법'(개정)인바, 이를 통칭하여 '비정규직 보호 법률'이라 한다. 이 법이 정의하고 있는 바에 따르면, 파견근로자, 기간제 근로자, 단시간근로자를 '비정규직'의 범주로 묶을 수 있다. 그러나 사실 비정규직이란 개념은 아직 명확히 합의된 것이 없어 노동계가 주장하는 비정규직의 범위와 정부 및 노사정합의체가 제시하는 비정규직의 범위 사이에는 몇 가지 차이가 존재한다.

외환위기IMF 이후 비정규직의 규모는 지속적으로 증가하여 정부통계(2006년 8월)로도 전체 임금근로자(1,535만 명)의 3분의 1(545만 명)을 넘어섰으나, 비정규직의 월평균임금은 정규직의 62.8%로 두 임금 간에 상당한 격차가 존재하고 있는 것이 현실이다. 노동계 기준 2008년 비정규직 노동자 수는 844만6,000만 명이다. 노무현의 참여정부는 양극화 해소를 통한 사회통합을 위해 "비정규직에 대한 차별처우 금지 및 시정"과 "기간제 및 단시간근로 남용을 제한"하고 "불법파견에 대한 제재와 파견근로자 보호를 강화"하는 내용의 법률을 제정하여 공포하기에 이른다. 그런데 이 법률은 제정 초기부터 단계적 적용조항과 비정규직 사용기간 문제 등으로 많은 논란이 있었다. 또한 근본적인 법제정 취지와 다르게 오히려 비정규직 노동자들의 불안정성을 더욱 부추길 수 있다는 비판도 많았다.

2009년 2월 현재 정부여당은 기존 2년으로 되어 있는 비정규직 사용기간을 3~4년으로 연장하는 것을 골자로 하는 '비정규직 보호법 개정안'을 추진하고 있어 노동계 및 야당, 시민단체들의 반발이 거세다. 이명박 정부는 "2009년 7월이 비정규직법 시행 2년째로 법에 의해 정규직으로 전환해야 하는 비정규직의 대량해고 사태가 우려되는 만큼 이를 미연에 막고 경기악화에 따른 기업부담을 덜어주기 위해 법개정을 추진한다"고 밝혔다. 더불어 이명박 대통령은 "일자리 나누기의 개념에서 비정규직의 활성화로 불황과 고용위기를 타개하자"며 국민을 설득하고 있다. 이와 관련하여 한 인터넷 카툰은 비정규직 노동자를 단군신화에 빗대어, "2년만 기다리면 사람이 되게 해준다"고 했다가 막상 2년이 되자 "가능하다면 한 10년 더 기다려보라"며 마늘과 쑥을 건네는 정부의 모습을 그리고 있다.

노동시장의 유연성

한겨레신문의 객원논설위원 김유선은 '7월 고용대란설의 허구'란 글에서 다음과 같이 정부의 논리를 반박하고 있다.

"정부·여당은 7월이 되면 비정규직법 때문에 계약이 해지되는 노동자가 97만 명이라고 주장한다. 이들을 보호하려면, 2월 국회에서 비정규직법을 개정해 사용기간을 2년에서 4년으로 늘려야 한다고 주장한다. 과연 그럴까? 전혀 사실이 아니다. 비정규직법 부칙에 '(비정규직 사용기간 2년 제한은) 2007년 7월 이후 새로이 근로계약을 체결·갱신하거나 기존의 근로계약 기간을 연장하는 경우부터 적용한다'는 조항이 있다. 따라서 2007년 7월 이후 기간제로 2년 이상 일한 사람이라고 해서 모두 7월에 계약기간이 만료되는 게 아니다. 2008년 8월 현재 근속연수가 1년 1개월 된 기간제 노동자는 5만 명이다. 비정규직법이 적용되지 않는 5인 미만 사업체와 55살 이상 고령자를 제외하면 3만8,000명이다. 이들이 모두 오는 7월까지 기간제로 계속 근무할 가능성도 희박하다. 예년의 예를 따르면 1만8,000명만 계속 근무할 것이다. 2만 명과 100만 명, 거짓말을 해도 너무 심하지 않은가?"

요약하자면, 정부여당이 고용자 중심의 정책 의도를 관철시키기 위해 법의 틈새를 이용하여 국민을 상대로 숫자놀음을 하고 있다는 비판인 셈이다.

비정규직 활성화를 통한 **노동시장의 유연성** 확보가 과연 기업에 유리한 일인가에 대해서도 논란이 많다. 일본 노무라경제연구소의 한 조사보고서는, 1990년대 말 동아시아 경제위기 이후 노동유연성을 포함한 '미국식 자본주의'를 도입한 기업들보다 '종신고용제' 등 일본 고유의 경영방식을 보존한 기업들의 경영상태가 훨씬 양호하다고 평가했다. 전자의 대표격인 소니가 한국의 삼성에 밀리는 데 비해 후자의 대표격인 도요타와 캐논 등은 아직도 건재하다는 것이다. 보고서는 이러한 조사결과에 대해 "고용안정을 통해 노사 간 신뢰가 쌓이고, 이를 바탕으로 기업의 생산성이 향상된 결과"라고 분석하고 있다. 비정규직 양산을 통한 노동시장의 불안정성 확대는 노동자들의 삶뿐 아니라 기업의 건전성과 생산성에도 결코 긍정적인 것이 아니라는 주장이다.

24 논에서 들려온 이야기

바보라서 이러고 있는 것 같소?

한국의 국토 면적 중
11%는
논

언 땅이 녹기 시작하면서부터
길어야 6개월…
비와 바람이
해와 달과 별이
모였다 가는
땅

논은 쌀을 키우고
홍수를 조절하고
지하수를 저장하고
대기를 정화하고
작은 생명들을 키우며
토양을 보전한다

"한국의 논은
연간 약 54조 원의
경제적 가치를 갖고 있다."
2006년 농업과학기술원

논이 그토록 많은 일을 할 수 있도록
잠시도 쉬지 않는
일손과 발품

그 일손과 발품을 달래기 위해
정부가 지급하는
고정직불금

쌀을 생산한 농민들의 소득을 보전해주는
변동직불금

고정직불금 + 변동직불금 =
쌀소득보전직불금

1년 5,000m²(약 1,500평) 논농사에
지급되는 쌀직불금은
80만 원

"논 임자가 못 주겠다 그러면
꼼짝 못하는 거지, 뭐…"

한국 논의 63.3%는
임차농지
대도시 주변 농지 대부분은
부재지주不在地主의 땅이다

그래서
해마다
쌀직불금은
얼굴 없는 '주인'들에게 돌아간다

"1,500평 농사지어봐야
겨우 쌀 25가마 나오는데
그 중 8가마는 도지세로 주고
농기계값, 비료값, 농약값 제하고 나면 뭐가 남나?
게다가 직불금이라고는…"

"직불금 신청해야겠다고 했더니
서울 땅주인이 뭐라는 줄 알아?
농사지을 사람 많으니까
논 내놓으래."

"쌀농가의 76%가
지주의 압력으로 신청을 누락하거나
아예 신청하지 않은 것으로 나타났다."
경기도 내 4개 시·군 쌀직불금 미수령자 설문조사

집 옆에 붙어 있는 논은
이상하게 수확이 많이 난다
주인의 말소리, 발소리를
자주 듣기 때문이다

● 여전히 건재하는 봉건시대의 망령

쌀소득등보전직접지불금(쌀직불금)은 논농사에 종사하는 농민의 소득보장을 위해 국가에서 지급하는 보조금 제도로, 2004년 쌀 시장의 부분적 개방과 더불어 노무현 참여정부가 추곡수매제를 폐지하는 대신 떨어진 쌀값을 보전해주겠다는 명목으로 만든 제도다. 쌀직불금은 논의 형상을 유지하는 데 대한 보조금인 고정직불금과 쌀 소득을 보장하기 위한 변동직불금으로 나뉘어져 있다.

2008년 10월 국정감사 과정에서 이봉화 전 보건복지부 차관이 부당하게 쌀직불금을 받았다는 사실이 밝혀지면서 쌀직불금 부정수령 사안을 은폐했던 감사원까지 국정조사 대상이 되는 사상초유의 사태가 벌어졌다. 조사 결과 이봉화 차관처럼 쌀직불금을 부정수령하거나 신청했던 공무원이 무려 4만여 명에 이르며 그 중에는 100여 명의 고위공무원이 포함된 것으로 알려져 재차 파문이 일었다. 국정감사 기간 동안 여야는 이 명단의 공개여부를 두고 대립하였으나 '개인정보 보호'라는 명목 하에 의원만 열람하고 비공개하기로 합의함으로써 비난여론은 더욱 들끓었다. 검찰의 조사가 시작되자 서울 강남구에 사는 땅주인 중 56% 이상이 쌀직불금을 불법수령한 사실이 추가로 확인되었고, 농협수매 실적이 있는 실경작농가 53만 세대 중 7만1,000세대의 농가가 부재지주의 반대로 직불금 신청에서 누락되었다는 사실도 밝혀졌다.

2007년 민주노동당 강기갑 의원이 조사한 바에 따르면, 2006년 한 해 동안 고정직불금을 수령해간 사람 99만8,000명 중 실경작자가 아닌 것으로 추정되는 사람은 최고 28만 명(28%)으로 금액으로는 전체 7,168억 원 가운데 1,683억 원(23%) 규모였던 것으로 나타났다. 검찰수사와 국정감사가 진행되는 동안 "노무현 정부가 이미 이 사실을 인지했었다"라는 식의 이른바 '과거정부 책임론'이 등장하고 노무현 전 대통령의 증인 출석 여부 등이 논란이 되면서 논점이 흐려지기도 하였다. 감사원이 부정수령자 분석까지 끝낸 명단을 비공개하기로 결정한 후 명단을 폐기했다는 의혹 등이 제기되면서 사태는 점차 정쟁적 양상으로 변질되었다. 결국 정부는 2005년 이후 쌀직불금 수령자 422만 명을 전면 조사하기로 하는 한편 검찰은 이봉화 전 차관 등 고발된 인원들에 대한 수사에 착수하고, 문제의 발단이 되었던 이봉화 전 차관이 사퇴하는 선에서 파문은 서둘러 마무리되었다.

쌀직불금은 지급대상 농지를 실제 경작 또는 경영하는 농업인만 받을 수 있다. 이는 시장개방 폭이 확대되어 쌀 가격이 떨어지는 경우에도 쌀 농가 소득을 적정수준으로 보전함으로써 농가의 안정을 도모하고자 하는 취지에서 입법된 것이다. 따라서 부재지주가 이를 수령하는 것은 위법이다.

도시에 거주하는 부재지주가 군이 쌀직불금을 직접 신청하고 수령하려는 이유는 대개 수령금액 자체가 목적이라기보다는 "8년 이상 농지를 자경自耕한 경우 양도소득세를 5년 합산 1억 원까지 감해준다"는 규정 때문이다. 부재지주가 쌀직불금을 신청·수령하는 행위는 그 본질상 땅투기를 위한 탈세인 셈이다.

대한민국 헌법 제121조는 경자유전耕者有田의 원칙을 명시하고 있다. 경자유전의 원칙이란, 농지는 직접 경작을 하는 사람만이 소유할 수 있으며 농사를 짓지 아니하는 사람이 투기나 투자의 목적으로 농지를 소유해서는 안 된다는 의미다. 그러나 1996년 1월 1일 개정된 농지법에 따라 도시거주인도 농지를 소유할 수 있게 되었고, 2008년 7월 농림수산식품부는 비농업인의 농지소유 규제를 더욱 완화하는 방안의 농지법 개정안을 입법예고하며 입법취지에 대해 "자본과 경영능력 등을 갖춘 농업법인의 농지취득을 용이하게 함으로써 농업생산성이 향상될 것이며, 농지소유에 대한 규제완화로 농지유동성이 증가하고 농촌경제가 활성화될 것"이라고 설명했다.

2009년 2월, 윤증현 기획재정부장관 내정자, 현인택 통일부장관 내정자, 원세훈 국가정보원장 내정자, 신영철 대법관 내정자가 국회 인사청문회에서 야당의원들로부터 땅투기 의혹 등을 집중 추궁받았다. 이 과정에서 윤증현 기획재정부장관 내정자는 "집사람이 채소를 가꾸며 여생을 보내는 게 꿈이었다"라고 해명했다.

25

감자굴 상학이

배가 너무 고팠어요
감자를 훔쳐 먹으려고
감자굴로 몰려갔지요
내 동무 상학이가 용기를 내서
감자굴로 들어갔어요
나랑 다른 동무들은
밖에서 망을 보고 있었는데…

1990년대 북한

대홍수와 겨울 냉해 등으로
연이어 흉년이 찾아온다

옥수수밥
옥수수죽
풀죽
묵지가루(옥수수겨)죽
벼뿌리죽
송피(소나무껍질)죽…

그나마도 먹지 못한
300여만 명의 주민은
굶주림으로 사망했다

고난의 행군

2007년 여름

북한의 곡창지대인 황해도와 평안남도를
또다시 덮친 대규모 수해…
북한의 농업생산량은
20%나 감소했다

**"올해 상반기 북한 장마당(시장)의 쌀 1킬로그램 값은
노동자 평균 월급의 3배까지 뛰었다."**
탈북자 시인 최진이

'핵심계층'이 거주하는 평양시마저
식량배급을 중단하자
굶주림 때문에 부모로부터 버려진
각지의 아이들은
'꽃제비'라는 이름표를 달고
다시 거리로 나섰다

감자굴 안은
감자독 때문에 숨쉬기도 어렵다고 들어서
아무도 들어갈 용기가 없었거든요
그런데 용감한 내 동무 상학이는
들키지 않으려고 감자굴 뚜껑까지 닫아놓고
감자굴 안으로 들어갔어요

그런데
상학이는
한참이 지나도
나오지 않았어요

보름이 지나서야
우리는 상학이를 꺼내줬어요
상학이는
감자를 꼭 쥔 채
죽어 있었어요

● '도움의 손길' 위에 덧칠된 다양한 정치색들

KBS 남북교류협력단 이주철 연구원의 보고에 따르면, 북한의 만성적인 식량난은 기본적으로 공산주의 특유의 생산의욕 감퇴와 농업정책의 실패에서 비롯된 것이다. 그에 더해 사회주의권 붕괴와 국제 경제협력 시스템의 약화로 인한 에너지와 비료 등 농업생산재의 부족, 자연재해 및 농업 인프라의 부족도 큰몫을 차지하는 것으로 분석하고 있다.

통계에 따르면, 1980년대 북한의 식량생산량은 400만 톤 정도로 필요배급량에 약 200만 톤 정도가 지속적으로 부족했으나 1990년대 들어 식량생산량이 250만 톤 내외로 급감하면서 본격적인 식량부족이 시작된 것으로 알려져 있다. 2002년 이후 기후조건이 비교적 양호했던 데다 남한의 지속적인 비료 지원 등에 힘입어 2005년에는 식량생산량이 450만 톤을 넘어섰으나 2006년 이후 대북지원의 축소와 거듭된 자연재해 등으로 다시 식량사정이 악화된 것으로 보고 있다.

유엔식량농업기구FAO의 분석에 따르면, 2007년 북한의 농업생산량은 전년도의 400만 톤보다 훨씬 적은 300만 톤으로 추정되며 이는 1990년대 이후 최악의 상황이라고 한다. 2008년 이후 북한의 쌀값은 말할 것도 없고 쌀값의 절반 수준인 옥수수조차 1킬로그램당 1,300원을 유지하면서 옥수수를 주식으로 하는 일반주민들의 식량문제는 더욱 악화된 것으로 분석된다. 북한정부는 현재 세계적인 식량위기를 강조하며 주민들의 식량 절약과 식량 증산을 독려하고 있다.

1990년대 이후 계속되어온 국제사회와 남한의 대북 식량지원은 몇 차례의 우여곡절을 거치면서 인도주의 차원에서 지속되고 있다. 2008년 미국정부는 50만 톤의 옥수수를 지원했으며, 세계식량계획WFP은 5억 달러 규모(63만 톤)의 식량을 2009년 11월까지 북한에 지원할 계획이다. 남한도 대북 식량차관의 형식으로 약 50만 톤을 지원할 계획인데, 연간 약 200만 톤 정도의 식량부족분이 예상되는 북한의 상황에 비추어 볼 때 계획된 대북지원들이 온전히 추진되어야 안정적인 식량수급이 가능해질 전망이다.

대북 식량자원

2008년 7월 3일 미국 농무부가 펴낸 '식량안보평가 2007년도 보고서'는 북한의 2008년도 식량부족분이 156만7,000톤이나 된다고 전제하며 "현 새 북한은 세계 최빈국인 방글라데시보다 더 심하고 전쟁참화를 겪는 아프가니스탄과 비슷한 수준의 기아상태에 처해 있다. 북한에서 지금까지 굶어죽은 사람은 200만 명으로, 이러한 기근은 2017년까지 계속될 것"이라는 비관적 전망을 내놓았다.

한편, 남한의 대북인권단체 '좋은벗들'은 2008년 5월 20일 소식지 제130호에서 더욱 심각한 현지의 육성을 전한다. 사리원시의 한 간부는 "얼마 전 (로동)당 자금을 풀어 도시는 잠시나마 숨통을 텄지만 농촌은 계속 죽고 있다. (식량)공급이 안 되면 무리로 죽어나갈 것이다. 한 달 뒤면 무리죽음(대량아사)이 생길 것이다."라고 말했고, 해주시의 한 의사는 "황남도 전체로 보면 죽을 먹는 세대가 열의 여덟, 아홉이 된다. 옛날처럼 시름시름 앓다가 죽는 게 아니라 한 번에 팍 쓰러져 죽는 사람들이 많다."라고 말했다고 한다.

그런데 황해남도 해주에 지역사무소를 둔 세계식량계획은 유엔식량농업기구, 유엔아동기금UNICEF과 합동으로 2008년 6월 9일부터 30일까지 함경남도, 함경북도, 량강도, 평안남도, 황해남도, 황해북도, 강원도, 평양

감자굴 상하이 295

을 비롯한 53개 군에서 현장조사 벌인 후 약간 다른 견해를 보였다. 세계식량계획 평양사무소장인 장 삐에르 드 마저리Jean-Pierre de Margerie는 '자유아시아방송'과의 대담에서 "북한이 굶주림이나 기아수준에 있다고 평가하지는 않는다"라고 말했다.

이렇듯 북한의 식량상황에 대한 국제사회의 인식차가 존재한다는 것은 기본적으로 북한의 폐쇄적인 사회구조에 기인한 듯 보인다. 그렇지 않다면 각 단체와 조직이 각자 자신들의 정치적 이익에 부합하는 방향으로 통계와 조사를 과장하거나 축소하여 발표하고 있다는 뜻이다. 다만 분명한 것은, 북한의 만성적인 식량난에 대해 정도의 차이가 있을 뿐 전 세계가 그 심각성을 공인하고 있다는 사실이다.

- 하나님도 잘사는 나라에만 사는 거 아입니까?"
  −영화 〈크로싱〉 중

북한주민의 탈북 문제는 북한과 중국 간 외교문제로 비화될 만큼 심각한 상황이다. 미국 피터슨국제경제연구소PIIE가 2008년 11월 한국에 정착한 탈북자 300명을 대상으로 설문조사를 실시한 결과, 전체 응답자의 56%는 북한에 거주할 당시 외부의 식량지원 사실을 몰랐다고 답했다. 또한 설문조사 대상 탈북자들의 71%는 북한에서 기아에 시달린 적이 있다고 답했으며, 33%는 자신의 가족구성원이 굶주림으로 사망한 적이 있다고 밝혔다.

미국 워싱턴 소재 인권단체 국제난민Refugees International은 "현재 중국에 머물고 있는 탈북자가 5만여 명에 이르며 이들은 중국 공안의 체포나 북한 송환의 두려움 속에서 비인간적인 생활을 하고 있다"며 "특히 여성 탈북자들은 생존을 위해 중국 남성이나 사창가로 사실상 팔려가고 있으며 탈북 어린이들은 학교도 가지 못한 채 체포될까 두려워 집안에 갇혀 생활한다"고 보고했다. 덧붙여 이들 대부분이 식량난과 생활고에 못 이겨 탈출한 사람들로, 인도주의적인 관리와 국제난민 수준에 준하는 중

탈북자

국당국의 관리가 필요하다고 주장했다.

차인표가 주연한 김태균 감독의 영화 〈크로싱〉(2008)은 2002년 탈북자들의 베이징 스페인대사관 진입 사건을 배경으로 탈북자들의 절박하고 비참한 현실을 다뤘다. 소재의 특수성 때문에 중국 현지 로케이션을 비밀리에 하는 등 제작과정에서부터 화제를 모았는데, 정작 영화는 세간의 주목을 받지 못하고 흥행에 크게 실패했다. 작품성이나 대중성 여하를 떠나 이는 현재 한국에서 탈북자 문제에 대응하는 일반인들의 태도를 드러내고 있는 것처럼 보인다.

탈북자 문제는 단순한 인도주의 내지 인권 차원을 넘어 당연히 남한사회가 감당해야 할 문제이자 통일문제와 연계하여 장기적인 안목으로 대응해야 한다는 지적이 있다. 베를린 장벽의 붕괴와 독일 통일의 가장 분명한 징후가 바로 걷잡을 수 없는 집단 동독탈출이었다는 것이다.

● 주체적 영농의 부재가 불러온 비극

북한이 직면하고 있는 식량난은 폐쇄된 정치적·경제적 환경에 적합한 '주체적' 농업정책을 마련하지 못한 결과라는 분석도 있다. 북한은 한국

전쟁 이후 수입농기계, 화학비료, 농약에 기반하는 이른바 **녹색혁명**Green Revolution 모델에 따라 근대농업을 발전시켜온 체제다.

제2차 세계대전 이후 특히 개발도상국과 제3세계의 인구가 폭발적으로 증가함에 따라 전 지구적으로 식량부족 문제가 심각하게 대두되자 세계 각국은 단위면적당 소출이 월등한 신품종의 개발 및 도입, 수리관개시설의 대대적인 확충, 화학비료와 농약의 과감한 투입 등의 방식으로 농업생산성을 획기적으로 개선함으로써 식량부족 문제를 해결하고자 했는데, 이러한 과정을 '녹색혁명'이라 한다. 녹색혁명의 결과 1950년부터 1980년 사이 세계 곡물생산량은 무려 2.5배나 증가했다. 하지만 화학비료는 천연가스를, 농약은 석유를 원료로 하기 때문에 농업에 소요되는 에너지의 총량이 녹색혁명 전에 비해 평균 50배, 최고 100배까지 높아진 것으로 추산되고 있다.

한때 북한의 농업혁명은 남한보다 앞서 북한주민들에게 충분한 식량을 공급할 만큼 성공적이었다. 그러나 석유와 천연가스 등 화석에너지의 무한투입을 통해 생산성을 증가시키는 녹색혁명 모델은 지력이 저하된다는 문제점 외에도 천연자원이 전무한 한반도에서는 전적으로 외부의 지원 및 무역에 의존할 수밖에 없다는 한계를 가지고 있다.

1989년 동구 사회주의권이 연쇄적으로 붕괴하자 북한으로 유입되는 석유와 농기계 부품, 비료의 공급은 급감했고, 이내 북한에는 기근이 엄습했다. 1998년 UN식량농업기구의 보고서는 당시 북한 농촌의 상황을 이렇게 묘사한다.

"기계화된 북한의 농업은 농기계류의 4/5가 고장난 상황에서 심각한 고통을 겪고 있다. 부품 조달이 안 되고 디젤유가 부족하기 때문이다. 트럭이 모자라 추수된 곡식더미가 논밭에 장기간 방치되어 있다."

한편, 동구권의 붕괴를 기점으로 쿠바 역시 심각한 식량위기를 겪었다. 식량수요의 57%를 사회주의권 우호국들로부터 수입하고 있던 쿠바의 위기는 같은 시기 북한보다 더욱 심각했다. 더구나 동구권 붕괴 이후 미국의 폭력적인 경제봉쇄는 더욱 강화된 상황이었다.

당시 쿠바의 식량사정에 대해 SBS프로덕션의 환경다큐전문PD 유진규는 이렇게 회고한다.

"당시 나는 아나바의 한 중산층 가족의 저녁식탁을 촬영한 적이 있다. 그 가족은 콩 한 줌으로 만든 스프를 익힌 바바나 위에 얹어 스테이크처럼 칼로 썰어 먹었다. 식탁 위에 놓인 꽃병 속의 장미 한 송이만이 이 가족이 한때 누렸을 풍요와 행복을 증언해주고 있었다."

북한이 절체절명의 식량위기 속에서도 화석연료에 전적으로 의존한 근대영농 시스템을 극복하지 못한 반면, 쿠바는 국가적 차원에서 농업의 대대적인 구조개혁에 나섰다. 소규모 지역영농을 도심까지 끌어들이는 한편 바이오 비료와 자연농약을 사용하는 대규모 산업영농 기술을 개발한다는 구상이었다. 1991년에만 쿠바 각지에는 280개소의 유기농센터가 설립되었고, 기존의 대형 국영농장들은 소규모의 협동농장들로 분할되었다. 영농인구에 대한 교육도 대폭 강화되어 교육시간의 50% 이상을 실질적인 노동에 할애하는 등 철저한 현장교육을 통해 지속가능한 영농인 양성에 주력했다.

동일한 식량위기 상황에서 쿠바는 북한과 전혀 다른 길을 선택했고, 결과적으로 쿠바는 포스트오일post-oil 시대에도 지속가능한 농업, 이른바 퍼머컬쳐Permaculture를 정책적으로 구현해낸 성공모델로 세계의 주목을 받고 있다. 물론 두 나라의 기후적인 차이도 존재하겠지만 근본적으로는 정책의 차이가 위기 이후의 양상을 양극단으로 갈랐다는 분석이다. 퍼머컬쳐란 'permanent'와 'agriculture'를 결합한 용어로, 자연생태계와 인간의 공존을 가치로 내세운 개념이다. 오늘날 친환경농업과 주택주거단지를 결합하는 등의 대안공동체 실험에 중요한 이론적 지침이 되고 있다.

26

494,011개의 꿈

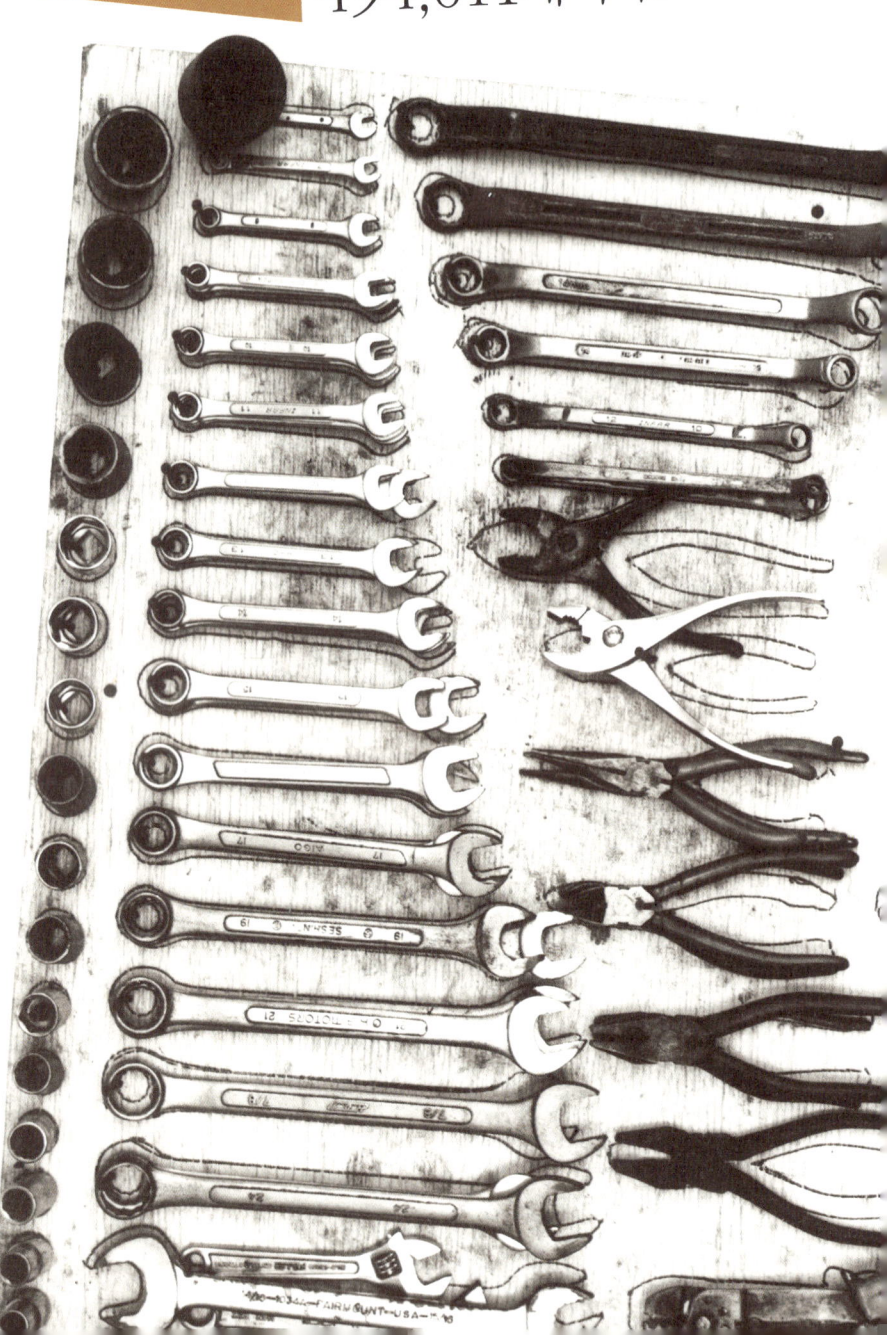

공돌이밖에 없잖아요
대학교에 갈 수 있을 것 같지도 않고

1960년대
국가경제개발계획에 필요한
기능인력을 양성하기 위해
전국에 실업고등학교가 속속 세워진다

1990년대 초까지
대한민국의 양적 성장은 계속되지만
이후
산업구조가 변화하고
학력중시풍조는 더욱 심화된다

지난 10년 간
실업고 학생 46만여 명 감소

"그래도 인문계 가면
미래에 더 좋은 게 많을 거 같아요.
(사회가) 실업계보다는
인문계 쪽을 많이 받아주니까…"
D공고 2학년 **박근태**

그럼에도
그들이 실업고를 선택하는 이유

학업성적이 좋지 않아서 **34.62%**
빨리 직업을 갖고 싶어서 **23.08%**

실업고 = 공부 안 하고 노는 애들이 다니는 곳?

능력이 안 되는
수준미달의
기본이 안 된
그런 아이들이 별 수 없이 선택하는 곳

하지만
편견 속에서
그들이 꾸는
꿈

"제 분야는 기능장시험이
특히 어려운 거 같아요.
노력하면 될 것 같기도 한데
아무리 노력해도 좀…"
D공고 3학년 **임정현**

● **기능장**
국가에서 공인하는 기능계 기술자격. 실업고 학생들은 1년에 한 번 응시할 수 있다.

"기능장 했던 걸 이용해서
취업을 할 생각이고요.
그쪽에서 돈을 좀 벌면
야간대학이라도 가보려고 생각중이에요."
D공고 2학년 **임동준**

2008년 현재
494,011명의 고등학생들은 이렇게 말하고 있다

"일단 이 세상에선 돈이 중요하니까
돈 잘 버는 직업이 좋죠.
할머니도 계시고 아버지, 어머니…
동생들도 셋이나 있는데
일단 돈이 많아야 먹여살릴 수 있잖아요."

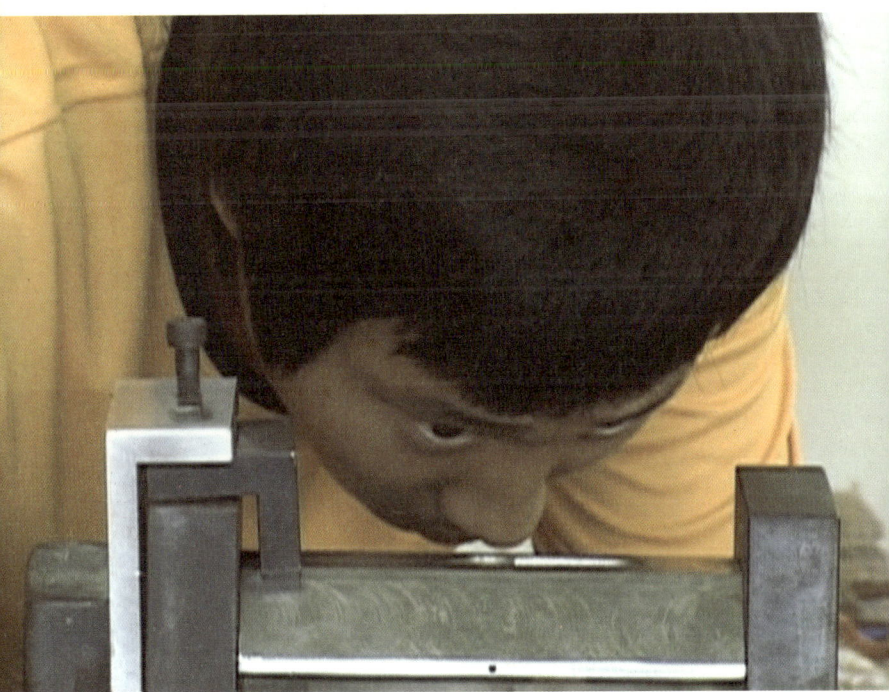

27

산소의 무게

커다란 나무 한 그루가 뿜어내는 산소로
두 사람이 하루를 산다

사람에게 필요한
하루 산소의 양
200~550리터

10초 동안 산소공급이 중단되면
뇌는 의식을 잃고
5분 동안 호흡을 하지 못하면
사람이 죽는다

"돈이 생기면 고민에 빠져요.
이 돈으로 쌀을 사야 하는지
산소를 사야 하는지…
밥은 한 끼 굶어도 괜찮으니까
결국 산소를 삽니다."

생활비 대부분을
산소 구입에 쓰는
중증 호흡기장애 환자들

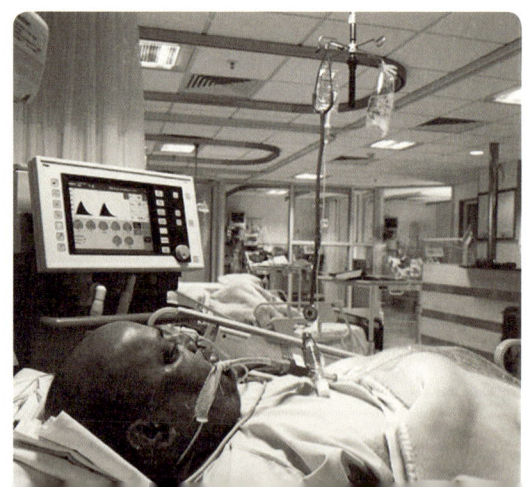

"산소통 없이는 아무 데도 가지 못해요.
죽기 전에 단 한 가지 소원은
산소통 떼어버리고
바깥공기를 원없이 마셔보는 거예요."

산소분자 1몰 mole 의 무게
32그램

너무 무겁고
너무 비싼

누군가의 숨

● 그들이 감당해야 할 생존의 무게

환자들은 대개 이중고를 겪는다. 질환 자체의 고통과 치료비의 고통이다. 특히 **희귀·난치성질환** 치료약들이 대부분 고가라는 점이 가장 큰 문제다. '희귀·난치성'이라는 용어가 말해주듯 우선 치료약을 구하기가 쉽지 않고, 해외개발 신약일 경우 그 비용은 '파는 사람 마음'이라고 할 만큼 천문학적인 수준이다. 건강보험 1인당 진료비가 가장 많은 질환 1위에 해당하는 혈우병의 경우 1인당 연간진료비는 평균 4억6,000만 원에 달한다. 이는 개인이 감당하기 힘든 수준으로 국가적 차원의 지원이 필수적이다.

보건복지가족부의 '희귀·난치성질환자 의료비지원사업 지침'에 따라 정부는 희귀·난치성질환 및 그 합병증으로 인한 진료의 급여비용 중 법정본인부담금(20% 부담)을 부분지원하고 있다. 단, 희귀·난치성질환자라도 한방의료기관을 이용할 경우에는 국가의 지원을 받을 수 없다. 저소득층(최저생계비의 300% 이하 소득자)의 경우에는 법정본인부담금까지 국고에서 전액 지원받는 제도가 마련되어 있다. 이 외에도 근육병 등 5개 질환에 대한 간병비나 호흡보조기 대여료 등이 전액 국고에서 지원되며, 희귀질환 목록을 매년 확대적용하는 작업이 계속되고 있다. 또한 각 지방자치단체들은 중앙정부의 보건정책과 별도로 지역예산을 편성하여 각 시·군의 희귀·난치성질환자들의 진료비를 지원하고 있으며 점차 확대하고 있는 추세다.

● 아직도 픽션이 될 수 없는 '로렌조 오일'

할리우드 영화 〈로렌조 오일Lorenzo' Oil〉(1992)은 희귀병인 부신백질이영양증ALD에 걸려 죽어가는 아들을 살리고자 분투하는 한 부부의 실화를 감동적으로 그리고 있다. 그리고 이 부부의 사례는 우리사회 곳곳에서

희귀·난치성질환

여전히 진행형 실화로 목격되고 있다.

비교적 다양한 지원제도에도 불구하고 희귀·난치성질환자의 대다수가 여전히 이중고에 시달리는 데는 몇 가지 이유가 있다. 무엇보다 지원제도들이 계속 확대되고 있음에도 불구하고 정작 대상자들에게 적절히 홍보되지 않아 지원을 못 받는 경우가 비일비재하다는 것이 문제다. 한국희귀·난치성질환연합회의 설문조사에 따르면, 응답자의 44.7%가 정책의 변화와 지원정책의 확대에 대해 모르고 있는 것으로 나타났다.

보험적용이 안 되는 의약품들이 많다는 점도 심각한 문제로 지적된다. 희귀·난치성질환에 사용되는 약들은 대부분 신개발 약품이거나 해외개발 약품들인데, 안전성이나 유효성이 확인되지 않는다는 이유로 즉각적인 보험적용이 안 되는 경우가 많다. 또한 의약품의 보험적용 문제는 국내외 제약사 간의 알력관계나 약품 가격을 놓고 벌이는 시장갈등, 의료시장 개방 문제까지 얽혀 난맥을 이루고 있다.

2007년 12월 26일, 미국 박스터Baxte 사의 혈우병 A형치료제 에드베이트 Advate가 한국식약청의 허가를 받은 것이 뒤늦게 알려졌다. '에드베이트'는 혈우병 8인자 결핍환자에게 가장 안전한 치료제로 알려져 있는데, 국내뿐 아니라 외국의 혈우병환자들도 이 제품을 사용하기 위해 많은 노력을 하고 있는 실정이다. 문제는 당국의 허가가 이미 떨어졌음에도 불구하고 몇 개월이 지나도록 박스터 측이 국내출시 진행을 하지 않고 있었다는 데 있다. 이에 대해 병원가에서는 "공급처와 판매처 간에 협의가 원만하지 않다더라" "박스터가 에드베이트로 국내 제약사와 정부를 길들이고 있다더라"는 식의 갖가지 소문과 억측이 분분했다.

벼랑 끝에서 하루하루를 보내야 하는 환자들의 절박한 상황, 냉정하고 동물적인 기업과 자본의 논리, 융통성이 부족할 수밖에 없는 당국의 지지부진한 행보라는 불협화음은 물론 복잡한 현대사회의 한 단면이다. 하지만 그 와중에 가장 큰 고통을 받는 쪽은 환자들이다. 사람이 고안해낸 모든 사상, 조직, 제도는 사람의 얼굴을 하고 있을 때라야 계속 존재할 가치가 있다.

28 가장 적합한 자의 생존

1859년
『종의 기원』이 출간된다

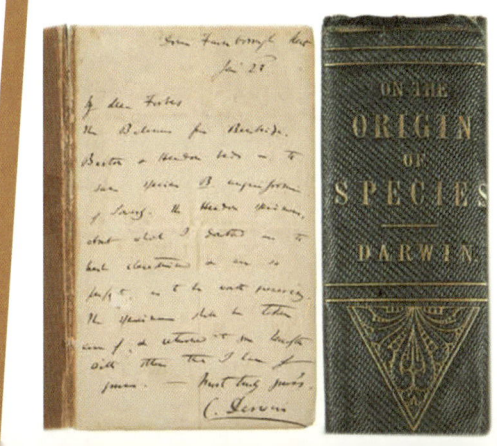

1835년 9월
갈라파고스 제도에 도착한
찰스 다윈

같은 종이면서도 서로 다른 모양의 부리를 가진
핀치새는 진화론의 열쇠가 된다

얇고 긴 부리의 핀치
두텁고 짧은 부리의 핀치

**먹이의 대부분이 크고 단단한 열매인 섬에서는
두텁고 짧은 부리의 핀치만 '살아남고'
얇고 긴 부리의 핀치는 '도태'된다**

● 자연선택설
환경에 적합한 변이체는 보존되고 환경에 불리한 변이체는 도태된다는 진화이론

1859년 자연선택설을 근간으로 한
찰스 다윈의 『종의 기원』이 출간되자
가장 열렬히 환영한 사람들은
부자와 권력자들이었다

"내가 여기서 이야기하려 했던 '적자생존'은
다윈이 '자연선택'이라고 했던 것이며
생존경쟁에서 가장 좋은 종족이
살아남는다는 것을 의미한다."
『생물학의 원리』 중, **허버트 스펜서** Herbert Spencer

생존경쟁에서 가장 유리한 종족이 살아남는 방식으로
사회는 진화한다?

살아남는 자가
가장 '적합한 자'다?

'사회진화론'의 엄호 속에서
이들이 획득한 부와 권력은
가장 좋은 '종족'이 당연히 가져야 할
정당한 것이 된다

"가난한 사람들은
그들이 보다 덜 적합하기 때문이며
부자들은
그럴 만한 자격을 가지고 있기에
그렇게 된 것이다."

허버트 스펜서

먹이의 대부분이 애벌레인 섬에서는
얇고 긴 부리의 핀치만 '살아남고'
두텁고 짧은 부리의 핀치는 '도태'된다

"진화는 진보가 아니다.
진화는 '적응'이며 '다양성의 증가'일 뿐이다."
고생물학자 **스티븐 제이 굴드** Stephen Jay Gould

- 너희들의 불행에는 이유가 있다!

사회진화론Social Darwinism이란 찰스 다윈Charles Robert Darwin이 식물과 동물에서 발견한 자연선택의 법칙(생물진화론)을 개인·집단·인종에 기계적으로 적용시킨 이론으로, 19세기 말에서 20세기 초에 걸쳐 서구에서 널리 유행했다.

대표적인 사회진화론자는 영국의 철학자이자 과학자인 허버트 스펜서Herbert Spencer다. 그의 이론에 따르면, 약자가 줄어들고 그들의 문화는 영향력을 상실하는 데 반해 강자는 점차 강해짐과 동시에 약자에 대한 문화적 영향력도 커지는 것이 자연선택설, 즉 자연법칙에 의거한 필연이다. 스펜서의 사회진화론은 빈곤과 타락과 불공정이 만연한 19세기 말에서 20세기 초 미국사회에 직접적으로 큰 영향을 끼쳤으며, 오늘날까지도 백인우월주의자들과 공화당을 중심으로 하는 우익보수주의자들에 의해 옹호되고 있다.

사회진화론자들은 인간사회의 핵심 작동원리가 생존경쟁이라고 생각했으며, 그 투쟁은 스펜서가 제창한 '사회적 적자생존適者生存'에 의해 지배된다고 주장했다. 인구변동에 작용하는 자연선택과정을 통해 우수한 경쟁자들이 살아남아 인구의 질이 지속적으로 향상된다는 것이다. 또한 그들은 개인과 마찬가지로 사회 역시 이런 방식으로 진화하는 일종의 유기체로 간주했다.

사회진화론은 주로 자유방임주의적 자본주의와 정치적 보수주의를 지지하는 데 이용되었다. 사회진화론에 의하면, 시장질서에 개입하는 정부의 행동이나 소수자를 위한 배려, 더 나아가 소수자를 위한 역차별Positive Discrimination 등은 자연원리에 개입하는 부당한 정치행위이며, 정치적·경제적 불평등을 해소하려는 시도 역시 자연법칙에 위배된다. 사회진화론자들은 사회적 불평등을 개인들 사이의 자연적 불평등으로 치환하면서, 한정된 자원에 대한 불평등한 소유는 근면·절제·검소와 같은 우월하고 생득적인 속성들과 밀접하게 관련되어 있다고 주장한다.

이에 더해 허버트 스펜서는 선천적 특성뿐만 아니라 후천적 특성도 유전된다고 믿었다. 그는 우체국과 조폐국의 국유화를 반대하고, 의무교육제도는 부모가 자녀의 학교를 선택하고 자녀를 교육시킬지 여부를 스스로 결정할 권리를 박탈하는 것이라며 반대했다. 또한 극빈자에 대한 국가의 지원, 심지어는 공중위생까지도 사회적 약자들을 오히려 고착시키는 조치라고 주장했다.

오늘날 흔히 다윈진화론의 핵심개념처럼 이해되는 적자생존Survival of the Fittest이라는 말을 처음 사용한 것은 사실 다윈이 아니라 스펜서였다. 스펜서는 다윈진화론의 일부 개념들을 사회발전이론의 배경으로 사용하면서, 생물학적 진화론에서는 환경에 가장 적합한 종의 적응을 증명하는 데 불과하던 적자생존의 개념을 태생적으로 우월해야 살아남는다거나 살아남는 종이 우월하다는 식의 우열주의 수준으로 개념화하였다. '생물학적 결정론'이라는 용어가 쓰이는 것도 그 때문이다.

사회진화론은 '사회적 진화'와 '사회의 진화'라는 두 가지 개념을 모두 포괄한다. 사회 내부적으로 천부天賦된 불평등과 생존경쟁을 전제하는 개념과, 사회들도 서로 경쟁하며 그 자체로 진화한다는 개념이 결합되어 있는 것이다. 후자의 개념에 따르면, 소위 선진국과 후진국 사이의 불평등 역시 자연법칙에 따른 것이며, 서구의 동양에 대한 우월, 식민종주국과 피식민지국의 역할 차이는 필연이다. 그리고 이러한 불평등과 생존경쟁에 의해 사회와 역사는 '진보'한다.

1993~1994년 사이에 세계은행IBRD의 비상임 자문역으로 활동했던 우자와 히로후미 일본 도쿄대 명예교수의 말에 따르면, 당시 IBRD의 수석경제학자 겸 부총재였던 로렌스 서머스Lawrence Henry Summers는 '내부지침'이란 문건을 통해 "예컨대 미국에서는 사람 한 명의 경제적 가치가 3만 달러인 데 비해 필리핀에서는 500달러밖에 안 되기 때문에 선진국의 공해유발 공장을 후진국으로 이전하면 양자 모두에게 이익이 된다"는 논리를 폈다. 로렌스 서머스는 2009년 미국 오바마 행정부의 국가경제위원회 의장으로 임명된 인물이다.

사회진화론과 비교할 때 전혀 다른 각도에서 진화론적 시사점을 던져준 인물이 매트 리들리Matt Ridley다. 그는 『이타적 유전자』라는 저서를 통해, 리처드 도킨스Richard Dawkins의 '이기적 유전자 론'을 인정하되 그 특별한 양상으로서 '적자생존의 룰에서 살아남기 위해 상호부조하는 방식으로 진화하는 유전자'라는 개념을 새롭게 제시했다. 그의 주장대로라면, '성선설性善說'에 기반한 인간의 윤리체계야말로 냉정한 진화의 결과인 셈이다.

사회진화론의 영향력은 실로 지속적이고 막강해서, 1890년 영국에서는 장애인이나 정신질환자 등 사회적 약자들이 2세를 갖지 못하도록 강제하는 '부적자 단종 정책'을 논의하기 시작했고, 미국에서는 1907년부터 1915년 사이에 인디애나 주를 비롯한 12개 주가 실제로 단종법을 발효시킨 바 있다. 그 저변에는 여러 가지 정치적·문화적·경제적 원인이 있었지만 표면적으로는 아리안 족 중심의 우생학까지 내세우며 자행되었던 나치의 유대인 학살(홀로코스트) 또한 사회진화론의 영향을 받은 것으로 여겨진다.

● **가지치기 없이 어찌 장미의 향기가 있으리!**

19세기 말 미국은 스펜서의 '과학적 사회론'에 열광하였다. 이 무렵은 미국 대부호들이 본격적으로 성장하기 시작한 시기로 남북전쟁이 끝나고 본격적인 산업발전과 자본의 집중이 시작된 때였다. 급속한 공업화·도시화로 산업자본이 독점이득을 누리면서 신흥부호들이 엄청난 부를 축적하기 시작했는데, 그들은 고가의 서화와 골동품으로 거대한 맨션을 치장하고 파티로 날을 지새면서 유럽 귀족을 흉내내기 시작했다. 100달러짜리 지폐로 담배를 말아 피운다는 이야기가 나온 것도 바로 이때였다. 미국의 소설가 마크 트웨인Samuel Langhorne Clemens은 이 시기를 도금시대gilded age라고 불렀다.

그러나 도금시대의 뒤안은 비참했다. 독점자본의 무자비한 노동착취로

gilded age

"What a funny little government."
1899년 호레이스 테일러가 그린 석유왕 록펠러

인해 이민자와 이농민들은 도시빈민으로 전락했다. 임금이 워낙 싼 탓에 잘 곳 없는 노숙자가 거리에 넘쳐났고 도시에는 전염병이 창궐했다. 엄청난 사치의 시대이자 무자비한 빈곤의 시대였다. 하지만 허버트 스펜서의 사회진화론은 이러한 극심한 사회불평등을 '가진 자'들을 중심으로 편리하게 설명해주었다. 미국의 신흥부호들은 허버트의 주장에 성경의 유권해석까지 덧붙여가며 환호했다. 당시 거대한 트러스트를 구축해가던 석유왕 록펠러John Davison Rockefeller는 이렇게 말했다.

"대기업의 성장은 적자생존의 결과일 뿐이다. 아름다운 장미가 자라서 감미로운 향기를 풍기고 사람들에게 칭찬을 자아내는 것은 일찍이 그 주위에 나 있던 풋내기 새싹들이 희생이 있었기 때문이다. 비즈니스 세계에서 이것은 결코 악덕이 아니다. 자연의 법칙이자 신의 섭리일 뿐이다."

바야흐로 산업자본주의가 브레이크 없는 자가증식의 길로 접어들던 당시 미국사회에서 사회진화론은 생물학적 결정론에 계급적 선민의식이 결합되어 매우 위태한 사회인식을 만들어내고 있었다. 경쟁사회의 적자생존론은 특히 산업과 비즈니스의 영역에서 거의 종교 수준으로까지 정당화되었다. 당시 철도협회를 이끌던 촌시 더퓨Chauncy De Pew는 이렇게 말했다.

"적자생존의 법칙은 자연적인 것이다. 부적격자가 생존하려면 자연의 법칙에 인위적으로 개입해야 한다."

자연세계의 적자생존 법칙을 우열의 문제로 고착시키고 약육강식이라는 정글의 룰을 인간사회에 고스란히 재현하고자 했던 사회진화론은 훗날 시장만능주의, 신자유주의라는 이름으로 다시 한 번 전성기를 맞게 된다. 그러나 오늘날에는 급기야 자체모순으로 심각한 위기상황에 처하고 말았다. 21세기 대한민국의 진화 수준을 시급히 점검해봐야 할 때다.

29
'위험'한 힘

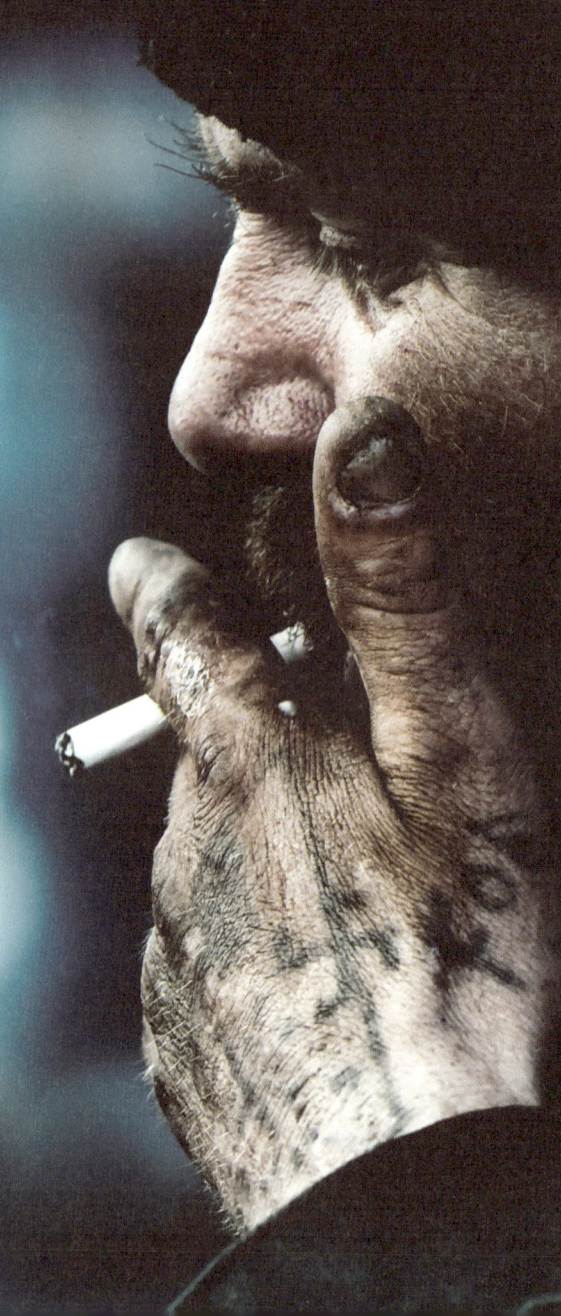

빵인가, 영혼인가

단순노동
낮은 급여
항상 똑같은 방식의 직업훈련
저수준의 복지정책
그리고
무기력

가난한 사람들을
계속 가난하게 만드는 것들…

바꿀 수 있을까?

1995년
한 여죄수가 던져준 해답

**"방법은 간단해요.
이 사람들에게
건강한 세상사람들의
'정신적 삶'을 가르쳐야 합니다."**

인문학자 얼 쇼리스 Eeal Shorris 의 제안
클레멘트 코스

"가난한 이들에게
'정신적 삶'
인문학을 가르쳐야 합니다!"

알코올중독자들
노숙자들
실업자들
전과자들이
시를 읽고
플라톤과 아리스토텔레스의 『대화』를 읽고
그리스의 비극을 읽고
미술사를 배우고
역사를 배우고
논리학을 배우기 시작한다

수료증 외에는
아무것도 보장하지 않는 학교
그래도 지원하는 사람들은
갈수록 늘어난다

"인문학을 배우기 전에는
욕이나 주먹이 먼저 나갔어요.
그런데 이젠 그렇지 않아요.
나를 설명할 수 있게 됐거든요."

그들을 사회적 약자로 만들었던
여전한 조건들…
하지만 과거와 다르게
그것에 대응할 수 있는
힘을 얻은 사람들

낙오자, 빈민들에게
'나를 설명할 수 있는 힘'은
빈곤의 대물림에서 벗어날 수 있다는 희망이었다

* 1995년부터 2006년까지 3개 대륙 4,000여 명의 사람들이 55개 과정의 클레멘트 코스를 수료했다.

● 집이 없어 가정을 잃은 사람들

잠자리조차 구할 길이 없어 생필품을 소지한 채 길거리에서 생활하는 극빈자들을 영어권에서는 **홈리스**homeless라고 하고 한국에서는 노숙자露宿者 혹은 노숙인이라고 한다. 노숙자는 이슬을 맞으며 밖에서 자는 사람이라는 뜻이다. 예전에는 부랑자浮浪者라고도 했고, 좀 더 편견을 섞어 행려병자行旅病者라고 하기도 했다. 그에 비해 home이 단순히 물리적인 집house을 의미하는 것이 아니라 가정을 의미한다면, homeless는 조금 더 근본적인 문제에 접근하는 명명이라고 볼 수 있겠다.

미국의 경우 1980년대 초 레이건Ronald Wilson Reagan 정부에 의해 복지예산이 대대적으로 삭감되면서 홈리스가 급격히 증가했다고 보고되고 있는데, 현재 200만 명에서 많게는 1,000만 명까지로 추산되고 있다. 한국의 경우에는 IMF 구제금융 시기에 급격히 증가하여 현재는 전국적으로 10,000여 명에 달하는 것으로 보고되고 있다. 하지만 개념을 조금 더 넓혀보면 훨씬 더 많은 수의 노숙인들이 존재하는 것으로 추정된다.

● 빈집을 홈리스에게!

산업혁명 이후 도심으로 이주한 노동자들이 잘 곳을 구하다 귀족 소유의 빈집에 들어가 살았던 것을 **스쿼팅**Squatting이라고 한다. 이 말은 원래 19세기 초 오스트리아의 목동들이 허가 없이 남의 초지에 들어가 양에게 풀을 먹이던 관습에서 유래된 것이다.

homeless

1970년대 말 1980년대 초의 유럽 지식인사회에 지대한 영향을 주었던 안토니오 네그리Antonio Negri의 아우토노미아Autonomia 운동의 결과 자율적 여성운동, 반핵운동, 공공시설 점거운동, 대안운동 등 다양한 방식의 시민저항운동들과 함께 아우토노멘Autonomen이라는 실천주체가 등장하게 된다. 특히 베를린의 크로이츠베르크나 함부르크의 하펜스트라세의 아우토노멘들은 빈집이나 빈 건물들을 점거하여 색다른 공동체공간을 만들어내면서 노숙인들과 함께 본격적인 스쿼팅 운동을 전개하기 시작한다. 이후 스쿼팅 운동은 예술인들과 노숙인들을 중심으로 전 유럽으로 확산되었는데, 암스테르담의 크라커(점거자)들은 1980년대 내내 국가와 충돌했으며, 코펜하겐의 크리스티아니아 공화국에서는 스쿼팅을 통한 본격적인 대안공동체가 실험되기도 하였다.

한국에 스쿼팅이 처음 소개된 것은 건물 신축공사가 중단돼 방치되어 있던 서울 목동의 예술인회관을 예술인들에게 돌려주자는 취지로 시작된 오아시스 프로젝트가 언론을 통해 알려지면서부터다. 김영삼 정부 시절 국민들의 세금으로 지으려던 예술위회관(지상 20층, 지하 3층)이 착공 5년 만에 관련 공직자 비리와 시공업체의 부도로 공사가 중단된 채 버려진 것을 젊은 예술인들이 "예술인의 작업실로 돌려달라"고 주장, 점거하여 예술창작공간으로 활용하려 한 것이 한국 스쿼팅 운동의 시초가 되었다.

더불어사는집은 철거가 예정되어 있던 서울시 중구 황학동 소재 삼일아파트를 2004년 7월부터 점거하며 만들어진 노숙인들의 생산·생활공동체의 이름이다. "노숙인 빈집점거는 정당하다" "주거는 소유가 아니라 생존의 권리다" "노숙인에게 잠자리를 보장하라" 등을 슬로건으로 내세우며 아파트의 빈 공간을 점유한 더불어사는집은 처음부터 구청과 마찰을 겪다가 2005년 9월 삼일아파트 철거가 시작되자 성북구 정릉동 서울도시개발공사SH 소유의 다가구 주택의 빈집으로 점유지를 옮겼다.

2006년 행정자치부의 발표에 따르면, 인구 상위 1%가 한국 전체 사유지의 51.5%를, 상위 5%가 82.7%를 소유하고 있으며 연소득 대비 주택가격은 서울이 7.2배로 동경(5.6), 런던(4.7)보다도 높은 세계최고 수준이다.

다큐멘터리 〈192-399: 더불어 사는 집 이야기〉, 이현정, 제12회 인권영화제 상영작(2008.05.30~06.05).

이러한 사회적 환경 속에서 한국의 스쿼팅 운동은 유럽의 그것과는 또 다른 정치적 의미를 내포하고 있다고 볼 수 있겠다.

● '살아야 할 이유'를 가르쳐주는 학교

그 정의야 어떻든 노숙인은 현대사회의 최하계층, 극빈계층을 의미하며, 폭력, 약물, 알코올중독, 질병 등에 노출되기 쉽기 때문에 사회적·정책적 관리가 요구되는 집단이다. 노숙인들은 대개 가족관계의 악화, 저렴한 주택의 부족, 경제적 파산, 이웃공동체의 붕괴, 알코올중독, 정신질환 등의 문제적 상황이 악화되면서 어느날 갑자기 길거리로 내몰린 이들이다. 이는 본질적으로 양극화 내지 절대적 빈곤의 문제와 관련이 깊다. 따라서 여러 나라들은 홈리스 문제를 사회복지정책의 차원에서 다루며 다양한 대책을 강구하고 있다.

노숙인 지원활동 중에서 최근 들어 가장 주목받고 있는 것은 **클레멘트 코스**다. '소외받는 이들을 위한 인문학 교육'이라는 개념은 여러 가지 의미에서 기존의 통념을 깬다. 미국의 작가 얼 쇼리스가 창립한 클레멘트 코스는, 소외계층을 위한 인문학 교육을 통해 타인과 소통하는 데 가장

클레멘트 코스

중요한 요소가 '자신에 대한 성찰'과 '자존감의 확보·회복'이라는 것 그리고 인문학이 그것을 가능하게 해준다는 것을 증명하고자 했다.

2005년 9월 문을 연 노원 성프란시스 대학(노숙인을 위한 인문학 강좌)은 '소외계층을 위한 인문학'을 기치로 내건 한국형 클레멘트 코스다. 성공회 서울대성당에서 시작된 이 프로그램은 지금까지 3기 졸업생을 배출했다. 이를 필두로 현재 한국에서 소외계층 인문학 강좌를 개설·운영하는 곳은 여럿이다. 의정부·영등포교도소 등에서 이루어졌던 '수용자 인문학', W-ing에서 운영하는 '매매춘 여성을 위한 인문학', 경희대 실천인문학센터에서 운영하는 '노숙인과 자활차명자(自活車名者)를 아우르는 15개의 인문학 코스' 등이다. 한편, 2008년 서울시의 지원을 받은 경희대 인문학 강좌는 209명의 졸업생을 배출했다. 이들 강좌들의 공통된 취지는 "노숙인들을 위한 경제·물질적 지원보다 더욱 절실한 것은 그들 스스로 아픔을 딛고 일어날 수 있도록 마음의 지원을 해주는 것"에 있다.

당장 먹고사는 문제보다 인간에게 더 중요한 것이 '삶에 대한 의지'라는 것을 증명하고 지원하고자 하는 이 조용한 열기는 영국의 노숙인들이 만들고 판매하는 잡지 『빅이슈 The Big Issue』의 모델을 한국에도 도입하려는 시도로 연결되고 있다. 노숙인들의 실질적 자활을 돕기 위해 판매용으로 만들어지는 『빅이슈』는 유명연예인이나 사회지도층이 기부형식으로 참여하는 시스템을 구축하여 전 세계 28개국에서 발간되고 있는 잡지다. 이 잡지를 판매하는 노숙인들의 가슴에는 조합번호와 함께 다음과 같은 문구가 적혀 있다.

"나는 지금 구걸을 하는 것이 아니라 일을 하고 있습니다."

30

최고의 자격

길바닥에선 사람들이 굶어죽고 있는데
경제학이론이 무슨 소용이란 말입니까!

방글라데시에서는
하루종일 손으로 만든
대나무의자의 가격이
5타카 50페이사였다

그 중 5타카로
고리대금업자에게 빌린 원금과 이자를 갚고
50페이사(40원)만 가지고
집으로 돌아가는 사람들…
그래도
하루 10%씩 불어나는 이자…

이들의 삶을 목격한
한 경제학자는 회의에 빠진다

"강의실에서는
몇백만 달러가 왔다갔다하는데
지금 내 눈앞에서는
고작 몇백 페이사에
삶과 죽음이 걸려 있다."

방글라데시의 은행으로 달려간 경제학자

"가난한 사람들에게 돈을 빌려주지 않는 이유가 뭡니까!"
"그야 가난한 사람들은 담보가 없기 때문이지요."
"빌린 돈을 갚기만 하면 되지 왜 담보가 필요합니까?"
"그게 규칙이니까요."
"그래요? 그럼 규칙을 바꾸면 되겠군요!"

경제학자는
직접 은행을 설립한다

담보 필요 없음
보증 필요 없음
최고 대출액 150달러
돈을 빌릴 수 있는 자격은 소득수준 하위 25%

"우리 은행에서 돈을 빌리려면
가난하다는 것만 증명하면 됩니다!"

"가난이 게으름이나 지적 결함 같은
개인적인 문제에서 연유되는 경우란 극히 드물다.
그들이 가난한 것은
아주 적은 금액의 자본금도 손에 넣는 것이
아예 제도적으로 불가능하기 때문이다."

150달러도 안 되는 돈으로 마련한
중고 재봉틀 한 대
송아지 한 마리
노점용 손수레 한 대로
차츰 가난에서 벗어나기 시작하는 사람들

새로운 규칙의 원금회수율 98%

2006년
그라민 은행과
은행의 설립자는
노벨평화상을 수상한다

"기존 은행의 방식과 정반대로 했을 뿐입니다."
무하마드 유누스 Muhammad Yunus, 1940~

● 보증이 아니라 연대가 필요한 사람들

방글라데시는 세계에서 가장 가난한 나라 중 하나다. 그라민 은행 Grameen Bank은 1억3,000만 명 이상의 인구 중 절대다수가 빈곤과 기아에 허덕이고 있는 이 나라에서 탄생한 빈민구제형 소액대출은행이다. 1983년 독립은행이 되었으며, 방글라데시 다카에 본사를 두고 방글라데시 전역에 걸쳐 약 2,200개 이상의 지점을 운영하고 있다.

1976년 방글라데시의 경제학자 무하마드 유누스 Muhammad Yunus가 고안한 그라민 은행 모델은 부지점장들과 정기적으로 만나는 다섯 개의 '미래의 채권자 그룹'에 기초한다. 개인들에게 대출이 진행되지만 실질적으로는 이 소규모 그룹이 연대채무를 지게 하는 방식이다. 그라민 은행이 대출당사자에게 담보를 요구하지 않을 수 있는 것도 바로 이러한 시스템 덕분이다.

그라민 은행의 대출은 '소비활동'이 아닌 '상업활동'을 하는 경우에만 제공되는데, 대금의 회수는 수시로(대부분 주 단위로) 이루어진다. 그라민 은행 모델은 영세민들 스스로 자기 자신들을 도울 수 있는 기회를 제공함으로써 오늘날 사회적 약자들을 위한 금융시스템의 한 상징이 되었다. 그라민 은행의 대출회수율은 99%에 육박하며 대출수혜자들의 97% 이상이 여성이다. '그라민'은 벵골어로 '시골' 마을'이라는 뜻이다.

그라민 은행의 전설은 1974년 유누스가 가구를 제작하는 한 여성에게 27달러를 빌려준 데서 시작되었다. 세계 최빈국 방글라데시에서 태어났지만 유복한 보석세공사의 아들이었던 유누스는 공부도 잘한 덕분에 영국에서 경제학 공부를 하고 돌아와 교수로서 안락한 삶을 보장받은 입장이었다. 하지만 조국으로 돌아온 그는 가난한 이들이 빈곤의 악순환에 허덕이는 모습을 보고 **무담보소액대출** microcredit 개념의 효시라 할 수 있는 기발한 금융제도를 착안한다.

그가 설립한 그라민 은행은 가난한 이들에게, 특히 저소득층 여성들에게 집중적으로 무담보소액대출을 해줌으로써 가족생계사업을 벌일 만한 밑천을 대주는 일에 착수했다. 처음에는 자선사업의 성격이 짙었지만 회

수율이 99%에 달하자 1993년 이후 흑자로 전환하고 본격적인 사업확장에 나서게 된다.

2006년 유누스의 '그라민 은행 프로젝트'는 지속가능한 방식으로 사회적 빈곤 퇴치에 기여한 공로를 인정받아 노벨상을 수상하게 된다. 경제학상이 아니라 평화상이었다. 이는 그의 기발한 금융기법 자체가 아니라 그가 그라민 은행을 통해 이루려고 했던 빈민구제와 자활 지원에 대한 국제사회의 지지선언이었다.

유누스와 그라민 은행의 마이크로크레디트 운동은 목하 전 세계로 확산되고 있다. 아프가니스탄, 카메룬 등 저개발국은 물론 미국, 캐나다, 프랑스 등 37개국 9,200만 명 이상이 이 제도의 혜택을 받고 있는 것으로 알려져 있다.

● 마이크로크레디트, 소셜 비즈니스 그리고 대한민국

그라민 은행 프로젝트의 노벨상 수상이 모든 측면에서의 성공을 의미하는 것은 아니다. 가난한 이들에게 물고기를 나눠줄 것이 아니라 낚싯대를 빌려주자고 강변하는 유누스의 경제철학과 금융기법에 대해 여러 가지 현실적인 비판이 있는 것도 사실이다. 대표적인 것이, 마이크로크레디트 운동이 과연 제3세계의 빈곤을 근본적으로 타파하는 데 유용한 것인가에 대한 문제제기다. 물론 그라민 은행의 유누스 총재라면 얼마든지 반론의 예들을 제시할 수 있을 것이다. 방글라데시에서 그라민 은행을 통해 수혜를 받은 사람들 중에서 성공적인 자립으로 빈곤의 악순환에서 탈출한 예를 찾기란 너무나 쉽기 때문이다. 그러나 그라민 은행에서 장기대출을 받고 있는 사람들의 50% 이상이 여전히 기아에 허덕이고 있다는 통계도 존재하며, 수혜자 중 90% 이상을 차지하고 있는 여성 대출자들의 경우 그들의 자립과 사회생활 능력이 제고되었는 객관적인 증거가 없다는 점도 비판의 근거가 되고 있다.

또한 그의 프로젝트가 과연 미국과 같이 이미 거시신용macrocredit이 확고히 버티고 있는 곳에서도 장기지속할 수 있겠느냐는 지적도 있다. 방글라데시와 같이 금융인프라가 절대적으로 부족한 곳에서는 그의 대안적·틈새적 프로젝트가 성공할 수 있겠지만 금융자본주의가 고도로 발달한 나라들에서도 동일한 효과를 거둘 수 있을지 의문이라는 것이다.

유누스는 그라민 은행 같은 대안형 기업행위를 소셜 비즈니스Social Business라고 이름붙이고, 소셜 비즈니스는 이윤추구와 동시에 배려, 관심, 나눔, 동정 등을 갖추어야 한다고 주장한다. 소셜 비즈니스는 공공성과 사회효용성을 추구하되 이익이 되는 사업을 해야 한다는 의미에서 '자선'과 다르고, 최근 새로운 경영론으로 대두되고 있는 '기업의 사회적 책임CSR, Corporate Social Responsibility' 내지 '기업시민권Corporate Citizenship'과 그 궤를 같이하되 보다 적극적인 의미를 지닌다.

비판적인 이들은 소셜 비즈니스가 과연 '인간의 얼굴을 한 자본주의'를 되살리는 데 효과적인 수단이 될 수 있을지에 대해 여전히 회의적이다. 그러나 IMF 구제금융 이후 신용불량자가 대대적으로 양산되어 서민층의 개인파산이 일상화되어 있는 한국에서도 마이크로크레디트 운동은 시작되고 있다. 2001년 설립된 사회연대은행은 모금을 통해 재원을 축적하여 무담보·무보증, 연 2~4% 정도의 이자로 소액대출을 지원하고 있다. 극빈층의 자활과 가족사업을 지원하는 형태로 운영되는 사회연대은행은 2007년 현재 112억7,000만 원을 모금해 167개 업체(누계 561개)에 소액대출을 지원했다. 아울러 단순한 자금지원뿐 아니라 창업 및 직업교육을 병행하면서 대출자 지원의 질을 높여가고 있다. 역시 2001년에 설립된 신나는조합은 그라민 은행의 공식 한국지부다. 이 또한 무담보·무보증 소액대출을 통해 신용불량자들의 창업지원사업을 벌이는 단체다. 사회연대은행의 이종수 상임이사는 '한국적 마이크로크레디트'를 다음과 같이 정의한다.

"단순히 소액을 대출해주는 것이 마이크로크레디트가 아니다. 그것을 기반으로 부를 창출해야 한다. 가난한 사람들이 자활할 수 있도록 해주

〈기독교타임즈〉, 2006.10.19.

는 것이다. 여기서의 '자활'이란 경제적 자활, 사회적 자활, 심리적 자활을 모두 포함하는 개념이다. 더군다나 경쟁이 치열한 한국사회에서는 이러한 것들을 통합하는 지원 프로그램이 필요하다."

이종수 이사가 제안한 '한국적 마이크로크레디트'는 '액시온 모델'로 요약된다. 또 다른 대안금융 모델인 액시온ACCION은 1인당 평균 1만 달러 이하의 소액대출을 해주되 "능력은 있지만 신용 등에 문제가 있어 기존 은행을 이용할 수 없는 소규모 사업자들"에 집중한다. 그라민 모델이 주로 극빈층을 대상으로 하고 있는데 비해 액시온 모델은 소규모 서비스 및 소매업을 하는 자영업자들과 미용사, 배관공, 탁아소, 음식점 주인들이 많이 이용한다고 한다.

이사회 멤버들 중 상당수가 금융기관의 현직 간부들이라는 점에서도 드러나듯이 액시온이 표방하는 바는 그라민 은행과 약간 다르다. 액시온은 어디까지나 '금융기관'이기 때문에 돈을 빌리고자 하는 사람은 일정 수준의 대출자격을 갖춰야 하고, 일을 해서 돈을 갚겠다는 계획도 증명해야 한다. 다만 '사업능력'이 있다고 판단되면 담보가 없고 신용점수가 부족해도 돈을 빌려준다는 점에서 기존 은행과 차별된다.

그러나 아직 한국에서 마이크로크레디트 제도가 가야 할 길은 멀어 보인다. 2008년 12월 국회에서 열린 마이크로크레디트 법제화를 위한 토론회에서 금융 관련 연구원들은 "20% 정도의 대출이자를 받아야 한다"라고 주장한 반면, 현장활동가들은 "민간복지 차원에서 접근해야 하며 이자와 원금회수뿐 아니라 교육과 지원을 통한 사전·사후 관리가 중요하다"라고 주장하며 충돌했다.

epilogue

불행은 늘 재주있는 자를 따라다닌다

1571년
유럽연합군과 터키군이 격돌한
레판토 해전에 참전한
에스파냐의 한 시골귀족

"아무리 아파도
갑판 아래로 몸을 피하느니
국왕폐하를 위해 쓰러지겠다!"

빗발치는 총탄 속에서
기절했다 깨어나보니
잃은 것은 왼손이요
얻은 것은 별명 하나

레판토의 외팔이

명예로운 별명을 가슴에 품고 귀국하던 중
해적들에게 납치
아프리카의 알제리로 끌려가
기나긴 노예생활을 하다가
4차례의 탈출 시도에도 실패하고
10년이 지나서야 귀국할 수 있었다

밥벌이를 위해
식량조달원
세금징수원으로 나서지만
결국 사기를 당하고
나이 오십 줄에 철창신세…

길에 떨어진 종이쪼가리 하나도 놓치지 않고
끊임없이 읽어대던 시골귀족의 결심

"그래!
남은 오른손으로 글을 쓰는 거야!"

금빛에서 은빛으로 바랜 수염
비뚤어져 맞물리지도 않는 고작 여섯 개의 이빨
평생
불행에 익숙했던 사람
그는 이렇게 말한다

"불행은 항상 재주있는 자를 따라다닌다."

평생 불행했던 그가
생의 말년에 창조한 분신

돈키호테

"오직 우리 둘만이 한 몸이라 할 수 있으니
그는 오직 나만을 위해 태어났고
나는 그를 위해 태어났다.
그는 행동할 줄 알았고
나는 그것을 적을 줄 알았다."

미겔 데 세르반테스
Miguel de Cervantes, 1547~1616

Supplement
MUSIC e

음악감독이 뽑은 지식채널ⓔ 명곡 50선

음악선곡 | **이미성** 지식채널ⓔ 음악감독
음악리뷰 | **최세희** 음악평론가

단행본 목차 번호
단행본 목차 제목
싱글 제목
아티스트

06 Zoom out Ground　　**Lazarus** • Porcupine Tree

불평등과 차별로 얼룩진 '아프리칸 드림', 아프리카 축구의 현실을 담아낸 에피소드 내내 물처럼 흐르던 피아노의 아르페지오, 그리고 차분하게 읊조리던 노래. 영국 프로그레시브 록밴드로 1980년대 후반부터 현재까지 활동하고 있는 포큐파인 트리가 2005년에 발표한 싱글로, 미니멀한 선율과 상징주의적인 언어로 자유에 대한 열망을 담담하게 형상화했다.

앨범 이미지
해설

season 1

10 나는 달린다

My Story • Maximilian Hecker

승부를 넘어, 궁극의 실존을 위해 달렸던 마라토너. 붉은 흙빛의 두 발로 에티오피아를 넘어 아프리카의 국제적 위상을 새롭게 다진 '맨발의 아베베'. 그 묵묵하고 우직한 노정에 바쳐진 음악. 독일 출신의 뮤지션 막시밀리언 헤커의 두 번째 앨범 〈Rose〉2003에 수록되었다. 나른하면서도 관조적인 감성의 목소리와 절제된 어쿠스틱 기타 선율이 스포츠를 발과 길의 미학으로 완성한 말 없는 예인의 노정을 단비처럼 적셔준다.

13 피부색

Unintended • Muse

라디오헤드의 서정성과 헤비메틀의 파워를 절충적으로 조합했다는 평가를 받고 있는 영국 록밴드 뮤즈의 앨범 〈Showbiz〉1999의 수록음악. 기타와 키보드가 펼치는 어두운 반경 안에서 흐느끼는 것 같은 노래의 한 구절. "너는 의도하지 않은 존재, 나로 하여금 더 살도록 하는/ 내가 한결같이 사랑할 존재가 될 수도 있어". 예상치 못했던 '어떤' 인연도 구원이 될 수 있기에 내쳐선 안 된다는 메시지가 한국 내 혼혈아들의 실재와 겹쳐 씁쓸한 여운을 남긴다.

17 챔피언 1

Tomorrow • Salif Keita

"나는 복싱보다 위대하다. 나는 챔피언이다." 무하마드 알리의 어록은 알리 자신의 피와 땀을 잉크 삼아 쓴 치열한 삶의 기록이었다. 아프리카 말리 태생의 싱어송라이터 살리프 케이타의 이 노래는 단칼에 내리친 것 같은 알리의 언어 뒤에 숨은 고독과 투쟁에 바친 영창詠唱이다. 케이타의 1999년 앨범 〈Papa〉에 수록되었고, 2001년, 마이클 만 감독이 메가폰을 잡은 알리의 전기 영화 〈알리Ali〉에서 다시 선보였다. 아프리카와 이슬람 문화권의 전통음악을 서양음악에 접목한 그답게 이 주제곡에서도 코라스Koras(아프리카의 전통 현악기)가 빚어내는 중동 풍의 아르페지오와 기타, 일렉트릭 키보드 블루스의 독특한 협연을 만날 수 있다.

17 챔피언 2

Hold On • R. Kelly

역시 영화 〈알리〉의 테마음악으로 첫선을 보인 알 켈리의 히트 넘버. 샘 쿡Sam Cooke의 고스펠과 제임스 브라운James Brown의 훵크funk를 경유해 '검은 미국'의 유구한 음악적 전통을 R&B 발라드로 계승하는 송가. "나는 내일이 반드시 오리라는 것을 안다/ 그리고 나는 그날의 태양을 가장 먼저 보게 될 것이다"라는 가사가 여운을 갖는 건 신념을 위해 세상에 맞서 외로운 카운터펀치를 날렸던 알리 덕이다.

18 여섯 개의 점

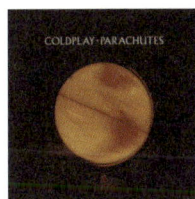

Yellow • Coldplay

'포스트-얼터너티브록 시대의 해답'이라 일컬어지는 영국 록밴드 콜드플레이의 데뷔 앨범 〈Parachute〉에 수록된 음악으로, 영롱하게 찰랑거리는 기타와 키보드 위로 크리스 마틴(보컬)의 신실한 창법이 돋보인다. '소심하지만(yellow), 사랑을 위한 작은 행동이 하늘의 별만큼이나 빛날 수 있다'는 가사는 대가를 바랄 수 없는 사랑의 아픔을 노래한 것이지만, 앞을 보지 못하는 이들을 위해 여섯 개의 점을 찍었던 점자 개발가 브라유Braille의 생애를 아름답게 압축하는 새로운 수제가 되었다.

29 크리스마스 휴전

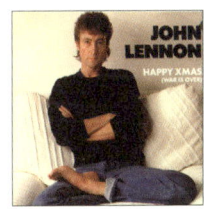

Happy Xmas(War Is Over) • John Lennon

1971년 겨울, 존 레논은 오래된 AM라디오처럼 먹먹하지만 따뜻한 선율이 흐르는 캐롤을 우리에게 보냈다. 1969년, 베트남전쟁에 반대하는 뜻으로 레논이 부인 오노 요코와 함께 세계 주요도시의 전광판을 임대해 '전쟁은 끝났다(당신이 원한다면)'는 캠페인을 벌인 지 2년 만이었다. 어쩌면 레논은 기억하고 있었는지도 모른다. 1914년, 총탄과 피와 죽음만이 자욱했던 참호전에서 '단지' 캐롤 한 곡 때문에 가능했던 평화의 축제를, 눈물겹도록 짧고 아름다웠던 화해의 장을. 이 곡은 동명의 앨범 〈Happy Xmas (War Is Over)〉에 실렸다.

30 기타의 전설

Star-Spangled Banner • Jimi Hendrix

1969년 8월 18일 월요일, 우드스톡 페스티벌의 마지막날 아침. 밤을 꼬박 새고 무대에 오른 지미 헨드릭스와 그의 밴드 '짐시 선 앤 레인보우즈Gypsy Sun and Rainbows'는 공연 막바지에 이르러 록 음악사를 넘어, 미국문화사에 지울 수 없는 방점을 찍는다. 덫에 걸린 짐승이 신음하듯, 일그러지고 굴절된 헨드릭스의 기타 선율이 재현한 미국 국가는 전쟁과 피에 굶주린 제국주의를 고발하는 담대심소한 메니페스토였다. 이는 그보다 좀 더 일찍 블루지한 리메이크로 '팍스 아메리카나'를 비판한 호세 펠리치아노와 함께 1960년대 청년반문화의 기치가 되었다.

35 달팽이 집

Aubrey • Bread

몸 하나 변변히 뉘일 곳 없는 뭇 도시근로자들에게 볼품없지만 제 집이 있는 달팽이란 차라리 동화에 가까운 존재다. 달팽이의 서두를 것 없는 행로를 수굿하게 따라간 멜로디는 1970년대를 풍미했던 팝밴드 브레드Bread의 "Aubrey". 1972년 앨범 〈Guitar Man〉의 수록곡으로, 드럼 없이 현악오케스트레이션, 클래식 기타, 뮤직박스만으로 빚어낸 고아한 선율과 데이빗 게이츠의 중성적인 음색으로 클래식 팝의 반열에 올랐다.

36 태어나지 않은 아이

Polyester • Maximilian Hecker

저출산의 경향 저변에 숨은 제도적 부조리를 담담하게 고찰한 에피소드에 시적인 서정성을 부여한 노래. 독일 출신의 싱어송라이터 막시밀리언 헤커의 데뷔 앨범 〈Infinite Love Song〉2001에서 처음 소개되었다. 소절마다 수증기가 피어오르는 것 같은 몽롱한 선율과 창법은 초창기 닐 영을 방불케 한다는 평가를 받기도 했다. 이는 또 프랑스를 비롯한 최근 유럽 팝의 한 경향을 알리는 지표이기도 하다.

38 우주탐험의 또 다른 역사

Lost Boys Calling • Roger Waters

"파도 너머 죽음의 고요 속에서 나는 여전히 잃어버린 아이들이 부르는 소리를 듣네… 넌 말할 수도 없었지, 겁이 나서, 다시 홀로 버려진다는 위험을 받아들여야 하는 것이 두려워서." 우주탐험의 정사正史 뒤, 탐험실험에서 희생된 동물들에게 로저 워터스와 엔니오 모리꼬네, 그리고 에디 밴 헤일런이 진혼곡을 바쳤다. 모리꼬네가 작곡을, 워터스가 작사와 노래를, 그리고 밴 헤일런이 기타 솔로를 맡았다. 후에 로저 워터스의 2001년 솔로 앨범 〈Flickering Flame: The Solo Years Volume 1〉에 실렸다.

40 마지막 비행

Man of the Hour • Pearl Jam

하늘을 삶의 시작이자 끝으로 삼았던 조종사. 불시착한 사막을 오히려 정처 삼아 우물처럼 깊은 시상을 끌어올린 작가 생텍쥐페리. 어떤 절망의 중력도 거부한 그의 삶에 얼터너티브 록의 베테랑 밴드 펄잼이 사려 깊은 헌사가를 바쳤다. 1990년대 중반, 시애틀을 근거지로 '십대의 분노한 목소리'를 대변했던 '젊은' 록 밴드 펄 잼도 어느덧 아버지 세대가 된 지 오래다. 그래서인지, 보컬리스트 에디 베더의 노래는 쇠락과 소멸도 자연의 이치로 이해했던 아버지 세대를 조용히 반추한다.

season 2

04 눈물의 선물

All you want • Dido

형용할 수 없는 마음의 언어, 눈물의 치유력에 야리야리한 발라드를 바친 건 영국의 싱어송라이터 다이도로, 1990년대부터 리즈 페어, 사라 맥라클랜, 토리 에이모스, 피오나 애플 등으로 이어진 여성 싱어송라이터의 계보 중 서정파를 잇는 주자다. 신세기 희대의 악동 래퍼 에미넴Eminem이 "Stan"에서 그녀의 리드미컬한 발라드 "Thank You"를 샘플링하면서 일약 세계적인 성공을 거둔 앨범 〈No Angel〉1999의 또 다른 히트넘버.

08 엄지의 귀환

Any Other World • Mika

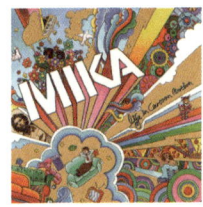

'키보드 워리어' 세대의 등장과 함께 뒷전으로 밀려나나 싶더니, 휴대폰과 함께 사이버세대의 사회참여를 촉구하는 메신저이자 행동대장으로 거듭난 엄지손가락의 감동적인 귀환식. 그 가슴 벅찬 현장을 심포니 팝 송가로 장식한 영국의 싱어송라이터, 미카. '전혀 다른 세상'이라는 제목이 에피소드의 견적에 잘 부합하는 주제가로 미카의 데뷔 앨범 〈Life in Cartoon Motion〉2007에 실렸다. 메조 스타카토 리듬의 웅장한 현악 오케스트레이션과 경건한 소년 합창단의 코러스가 '새로운 주체집단의 등장'을 축원한다.

10 창백한 푸른 점 1

Green Waves • Secret Garden

우주 저 너머에 존재할지 모를 문명에 인류의 메시지를 전달하고자 13년간 유영했던 보이저 호가 전송한 마지막 사진 속, 다만 하나의 점에 지나지 않는 지구. 그에 바친 "Green Waves"는 노르웨이 출신의 뉴에이브 듀오 시크릿가든이 2002년 앨범 〈Once in a Red Moon〉에서 소개한 '에코송'이다. 신서사이저, 하프, 아일랜드 전통악기와 이른바 '천상의 목소리'라 할 만한 스코틀랜드 출신의 디바, 카렌 매터슨의 협연은 몽환적이고 목가적이고, '당연히' 우주적이다.

10 창백한 푸른 점 2

Earth song • Michael Jackson

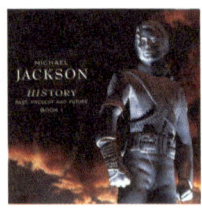

우주의 티끌에 불과한 지구, '점 안의' 지구에 대한 소회를 담은 두 번째 에피소드에는 마이클 잭슨의 절창이 덧붙여졌다. 블루스, 고스펠에서 오페라까지 아우르는 대곡형 발라드이자 지구의 환경과 동물보호의 자각을 촉구하는 캠페인 송으로 잭슨의 베스트 대장정 앨범 〈HIStory: Past, Present and Future, Book I〉1995에서 처음 소개되었다.

12 아무도 모른다

No Surprises • Radiohead

한미FTA, 광우병 사태를 둘러싼 분망한, 그러나 알 수 없음에 대한 토로, 혹은 비가悲歌. "No Surprises"는 록의 미래를 제시했다는 평가를 받은 영국의 록밴드 라디오헤드의 앨범 〈OK Computer〉1997에서 처음 소개되었다. 차임벨의 월광소나타라 할 만한 발라드 일렉트로니카로, 디지털 세대의 세기말적인 세계관을 담았다. "넌 너무 지치고 불행해 보여/ 정부를 붕괴하라/ 그들은 우리를 대변하지 않는다"란 가사를, 쉽게 지나치기란 쉽지 않다.

15 제정신으로 정신병원 들어가기

Extreme Ways • Moby

정상과 비정상의 경계는 인간의 내면이 아닌 자의적 맥락화의 결과일 뿐이라는 메시지에 일렉트로니카 시대의 슈퍼스타 모비가 박진감 넘치는 사이렌과 비트를 가했다. 모비 특유의 CF적인 감성의 선율과 찰진 비트가 어우러진 구성도, '극단적인 방법'이라는 뜻의 제목도 '가짜 정신병 실험'의 아이러니와 잘 어울린다. 2002년에 발표된 동명의 싱글로, 1960-70년대 미국 TV 첩보물 시리즈를 방불케 하는 복고적인 훵크와 록큰롤 사운드가 매력적이다.

16 치매, 기억을 잃다

I Will Remember You • Sarah Mclachlan

기억을 지우는 것으로 죽음을 예비하는 슬픈 운명, 치매노인에 대한 정책적 후원을 촉구하는 에피소드에 호소력을 더한 노래. 기억이 지워지고, 자아와 자존까지 지워져도 '당신을 잊지 않겠다'는 따뜻한 다짐. 캐나다 출신의 여성 싱어송라이터이자 셀린 디온에 버금가는 디바 사라 맥라클란이 1995년, 에드워드 번즈 감독의 영화 〈맥뮬런 형제Brothers McMullen〉의 사운드트랙에 참여해 부른 노래로, 99년 앨범 〈Mirrorball〉에서 재소개되었다.

22 그 길   **해바라기가 있는 정물** • 산울림

시인 장석남을 빌리면 골목길은 '계단만으로도 한 동네'가 되고, '가파름만으로도 한 생애가 된다'. 엄연한 생의 공간인 그곳은 그러나 사람을 배려하지 않고 가난을 죄악시하는 근대화로 인해 사라지고 있다. 마침 산울림이 '상실감을 추억으로 환원하는 것 말고는 아무런 힘이 없는' 이들을 위한 테마로 함께 했다. 록이 대중음악계의 골목길 대접을 받던 시절, 펑크와 포크, 동요와 프로그레시브까지를 독창적인 어법으로 아우른 그들의 여섯 번째 앨범 〈조금만 기다려요〉1980에 실렸다. 동요 풍의 포크 발라드에 조신한 김창완의 노래가 조붓하니 아름답다.

31 이상한 밴드의 이상한 댄스음악   **Tubthumping** • Chumbawamba

1984년 영국에서 결성된 아나코펑크anarcho-punk 밴드 첨바왐바는 과격한 정치강령과 전복적인 퍼포먼스, 펑크라면서 댄스, 아카펠라, 포크까지 뒤죽박죽 접목한 음악 스타일로 주류문화는 물론 펑크원론주의자들까지 당혹케 했다. 1997년 빌보드차트와 세계 팝 차트 1위까지 거머쥔 "Tubthumping (열변)"은 응원가 풍의 댄스음악에, 노동계급의 생명력에 대한 극렬한(?) 찬양을 담았다. 당시 영국 부수상에 가한 얼음 물세례가 낳은 악명 때문인지 미국 굴지 언론 롤링스톤지에서 '팝 역사상 가장 성가신(?) 노래 Best 20' 중 12위를 수여하기도 했다.

season 3

03 and you?

The Eyes of Truth • ENIGMA

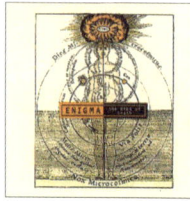

인도의 경전 『릭 베다』에서 '행복의 원천'이라 말한 엄마의 혀, 모국어. 독일 출신의 뉴에이지, 월드비트 프로젝트 밴드 이니그마는 그레고리안 성가와 동양의 각종 민속악기, 특히, 다국어 가사로 이루어진 신비한 사운드로 사라져가는 6,000여 개의 엄마의 혀가 가진 고유한 아름다움을 도드라지게 한다. 그들의 두 번째 앨범 〈The Cross of Changes〉1994에 수록되었다.

03 and you?

Empty • Click five

이니그마에 이어 표준언어의 뒤안길에서 사라져가는 토속어의 운명을 슬퍼하는 주제가로 쓰였다. 보스턴 매사추세츠 출신의 록밴드 클릭 파이브의 두 번째 앨범 〈Modern Minds and Pastimes〉 2007에 실렸고, 연인을 잃은 후 어떤 언어로도 채울 수 없는 공허함(empty)을 노래했다.

05 대부분이 우울했던 소년

Ordinary Miracle • Sarah Mclachlan

종류를 불문한 괴짜들의 연인이자 대변인. 할리우드의 이단아에서 할리우드가 가장 사랑하는 개성파가 된 팀 버튼을 위한 주제가. 2006년, 게리 위닉 감독, 다코타 패닝 주연의 아동 영화 〈샬롯의 거미줄 Charlotte's Web〉 사운드트랙에 소개된 주제가로, "네 꿈을 던져버리지 마. 우린 모두 일상의 기적을 일궈가는 일부이니까"란 가사는 그대로, 세상에서 인정받지 못하는 모든 괴짜들에게 보내는 팀 버튼의 메시지가 되었다.

07 오일러의 왼쪽 눈 — Rosor&Palmblad • Kent

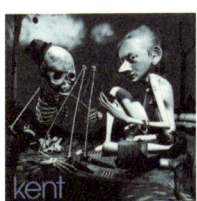

보이지 않는 눈으로 우주의 원리를 꿰뚫어본 수학자 레온하르트 오일러를 위한 음악. 스웨덴 출신의 록밴드로 유약한 듯 데카당한 정서가 독특한 켄트의 여덟 번째 앨범 〈Du & Jag Döden〉2005에 수록되었다. "Roser & Palmblad"는 스웨덴어로 '장미와 종려나무잎'이란 뜻이라고. 피아노와 관악 오케스트라의 녹턴, 보컬리스트 요아킴 베르그의 탐미적인 노래가 인상적이다.

11 버튼을 누르지 않은 이유 — Rule By Secrecy • Muse

민주적이고 정의로운 인성도 그릇된 권력의 지속적인 지배 하에선 야만화될 수밖에 없다는 섬뜩한 결론을 도출해낸 '밀그램 실험1963'. 뮤즈는 만가輓歌라 해도 좋을 애절한 선율에 "공기에서 감지되는 변화/ 그들은 사방으로 몸을 숨길 것이다/ 그러나 어느 누구도 누가 관리대상인지 알지 못한다"라며 의미심장하게 노래한다. 2003년 그들의 세 번째 앨범 〈Absolution〉에 실렸다.

12 동아일보 '해직'기자 — 차우차우 • 델리스파이스

10·24 자유언론 실천선언, 그 감동적인 순간을 프리즘처럼 굴절하는 기타와 키보드로 회고한 에피소드. 홍대 앞 클럽 문화를 이끈, 인디문화의 원년 밴드 델리 스파이스를 처음으로 알린 음악이자 지금도 사랑받는 그들의 대표곡이라는 부연이 필요할까. 사랑노래처럼 들리지만 사실 '아무리 애를 쓰고 막아 보려 하는데도 들려오는', 듣고 싶지 않은 것을 노래했다는 비하인드 스토리는 언론의 자유와 탄압이라는 갈등구도 모두에 걸맞아 재미있다.

12 동아일보 '해직'기자 — It's You • Michelle Branch

동아일보 해직기자들의 투쟁 정신은 15년 후인 87년 12월, 세계 언론사상 최초의 '언론 국민주' 신문인 한겨레와, 경향신문의 복간으로 계승되었다. 미국의 싱어송라이터 미셸 브랜치의 2003년 앨범 〈Hotel Paper〉의 수록곡으로, "당신이 방에 들어올 때 불빛도 변한다"는 사랑고백이 사회정화를 이끄는 공정 언론의 이상으로 환골탈태했다.

13 블루 골드 1

We Used to Vacation • Cold War Kids

21세기의 '절대상품'으로 떠오른 물, 이른바 '블루 골드'. 가장 근본적인 생명줄인 수돗물의 민영화를 둘러싼 공방, 더 이상 음모론이나 괴담으로 부칠 수 없게 된 불안한 현실. 미국 캘리포니아 출신의 록밴드 콜드워키즈가 흥겨운 댄스리듬과 찌그러진 기타록 사운드로 참여했다. 그들의 2006년 데뷔 앨범 〈Robbers & Cowards〉의 수록곡.

13 블루 골드 2

Spirit Of The Water • Camel

초월적인 일렉트릭 포크의 선율에 담긴, 물의 정령이 보내온 메시지: "어떤 것도 강의 흐름을 막지 못한다." "Long Goodbye"로 오랜 사랑을 받고있는 영국의 아트록 밴드 카멜의 초월적인 포크 일렉트로니카로, 그들의 1976년도 앨범 〈Moonmadness〉에 수록되었다. 여전히 세상은 물의 본류와 상관없이 부잡하기만 하다.

14 마을이름 우토로

The Hill • Once <OST>

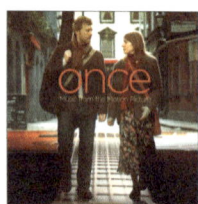

머나먼 체코에서 아일랜드로 혈혈단신 건너 온 부박한 뮤즈. '인디 영화의 신화'가 된 2007년 아일랜드 영화 〈원스Once〉에서 실제 체코 출신의 싱어송라이터 마케타 이글로바는 심야의 피아노팝으로 이주민의 서글픔을 토로했다. 그리고 20년간 일본의 강제철거 압력을 견뎌온 우토로 한인 이주민 세대의 정처 없는 삶을 달래주는 또 다른 송가가 되었다.

15 Y공작 프로젝트

Qui A Tué Grand-Maman? • Michel Polnareff

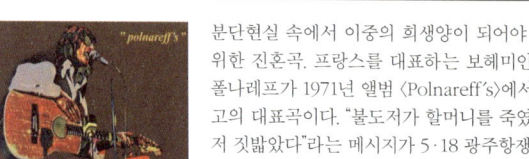

분단현실 속에서 이중의 희생양이 되어야 했던 '북파공작원'을 위한 진혼곡. 프랑스를 대표하는 보헤미안 싱어송라이터 미셸 폴나레프가 1971년 앨범 〈Polnareff's〉에서 발표한 폴나레프 최고의 대표곡이다. "불도저가 할머니를 죽였고, 할머니의 정원마저 짓밟았다"라는 메시지가 5·18 광주항쟁에 바친 민중가요 "오월가"의 메시지라는 점에서 또 각별하다.

16 1968

Don't Let Go • The Rasmus

청년정신이 주도한, '역사적 실패로 끝난 세계혁명. 그러나 세계를 바꾼 반체제 운동'. '희망과 분노, 저항과 행동의 나날'로 기록된 68혁명의 행보를 되짚으며, 핀란드 출신의 록밴드 더 라스무스는 '이젠 (그 정신을) 놓치지 말자Don't let go now'고 목울대를 울리며 노래한다. U2적인 감수성이 느껴지는 파워발라드로, 2005년 여섯 번째 앨범 〈Hide From The Sun!〉에 수록되었다.

21 17년 후

I Gaer • Sigur Ros

'가축들에 강요된 동종식습cannibalism에 기인한 환경성 질병'. '분노한 신의 형벌', 광우병의 역사를 되짚은 에피소드에서 묵시록적인 전언으로 다가왔던 음악. 아이슬란드 출신의 포스트록 밴드 시규어 로스는 북유럽의 신화적 상상력에 기반한 광활하면서도 아름다운 서사음악과, 무의미하지만 정령의 옹알이처럼 들리는 가사로 일찍이 '천상의 신이 황금으로 된 눈물을 흘리는 것 같다'는 찬사를 받았다. 2007년 그들의 컴필레이션 앨범 〈Hvarf-Heim〉에 수록되었다.

30 Man of Action

Hold Me • Weezer

'21세기 슈바이처', 전 세계를 누비며 빈민국의 의료개선에 앞장섰던 故이종욱 WHO사무총장의 생애에 미국 캘리포니아 출신의 포스트그런지 록밴드 위저가 "당신은 산보다 드높고／ 바다보다 깊다"라는 마땅한 찬사를 바쳤다. 2005년, 그들의 다섯 번째 앨범 〈Make Believe〉의 수록곡으로 펑크의 에너지와 팝 발라드의 오밀조밀한 멜로디가 쉼 없던 박애주의 행동가의 노정을 빛내주었다.

season 4

00 슬픈 얼굴의 기사

Free • Blue October

세르반테스는 문학의 르네상스를 열었던 『돈키호테』에서 '용기는 무모함과 비겁함의 사이에 있다'고 말했다. 무모했지만 한 순간도 비겁한 적이 없던, 그래서 권력의 노리개로 세속의 희생양으로 전락한 '슬픈 얼굴의 기사'. 그는 누구보다 자유로웠지만, 블루 옥터버의 고백을 빌리면 그것은 '재빠르게 소멸하는 I'm fading fast, 기념비적인 속박 Monumental chains'이었다. 영국 출신의 신스팝댄스로 그들의 2005년 세 번째 앨범 〈One Day Silver, One Day Gold〉에 실렸다.

02 그걸 바꿔봐

My Love Is A Flower • Space Kelly

사랑과 화목의 나비효과. 한 번 생각을 바꾼 것이 일상의 작은 기적을 낳는다는 에피소드를 위한 송가. 독일 출신의 싱어송라이터 스페이스 켈리의 착하기 그지없는 노래와 피아노 팝이 생기를 더했다. 미국의 싱어송라이터 조나단 리치맨 Jonathan Richman의 오리지널을 스페이스 켈리가 기타팝으로 리메이크한 것으로 2005년에 발표한 앨범 〈My Favorite Songbook〉에 수록되었다.

05 한 장의 지도

Everybody's Fool • Evanescence

백인 정복자들의 권력욕의 활인화. 세계권력을 기준으로 중심과 크기와 위치가 정해졌던 왜곡된 지도의 역사를 한 역사학자가 바꾸었다. 지도에서 사라지거나 묵살당한 제 3세계의 '바른' 자리를 찾아준 '바른' 지도. 록메탈 밴드 에버니슨스가 바른 운동의 강성 기수로 참여했다. 광폭한 비트와 일렉트릭 기타의 선율, 그와 대조적인 감성적인 노래로 우울한 세기말을 장식했던 밴드의 데뷔앨범 〈Fallen〉에 실렸다. "우리가 바라는 건 이 세계에 대한 전무후무한 더 많은 거짓말"이라는 가사가 화면에서 명멸하는 지도들 위에서 새로운 의미로 다가온다.

06 90%를 위한 디자인

Did You Get My Message? • Jason Mraz

남보다 좀 더 배려하는 것이 지혜이고, 남보다 좀 더 꿈꾸는 것이 실용이고, 남보다 좀 더 기대하는 것이 가능이라고 했다. 빈곤층, 저개발 국가, 인류 90% 삶에 복무한 아름다운 디자인이 그랬다. 이에 미국의 싱어송라이터 제이슨 므라즈도 '디자인=메시지'라고 화답했다. 포크를 기반으로 재즈, 힙합까지 접목하는 그의 음악 스타일이 고스란히 느껴지는 '훵키재지funky-jazzy 포크송'으로 그의 2005년 앨범 〈Mr. A to Z〉에 실렸다.

11 물이 되는 꿈

물이 되는 꿈 • 루시드 폴

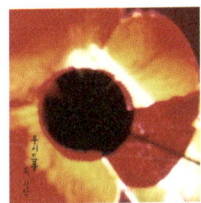

일제시대, 6·25, 4·3 항쟁까지, 한국사의 가장 척박한 저변을 말없이 견뎌온 제주의 해녀들. 물줄기의 흐름을 닮은 나일론 기타 선율에, 생명이 물을 매개로 탄생과 죽음을 오간다는 가사로 루시드 폴이 위무가慰撫歌를 바쳤다. 조윤석은 1990년대 후반 서정성이 강한 모던록 사운드로 홍대 인디문화의 지평을 확장했던 밴드 미선이의 리더로, 이후 포크적 성향이 강한 솔로 프로젝트 루시드 폴로 활동해오고 있다. 그의 두 번째 앨범 〈오 사랑〉2005의 수록곡.

14 용서의 조건 1

Silence • Fool's Garden

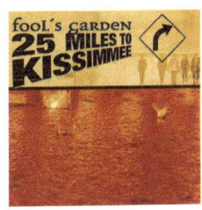

홀로코스트의 주범, 그들의 참회와 다각적 보상은 계속된다. 자국의 부끄러운 역사를 수 세대에 걸쳐 자각과 자정의 연대기로 바꾸어가고 있는 독일 정부와 기업, 그리고 민간인들의 노력에 독일의 팝그룹 풀스가든도 참여했다. "오늘 밤 나는 이곳을 떠나 자유와 비폭력의 땅으로 가리"라는 가사와 함께 전쟁의 모든 희생양에 헌정된 음악으로 그들의 여섯 번째 앨범인 〈25 Miles to Kissimmee〉에 실렸다.

14 용서의 조건 2

The Post War Dream • Pink Floyd

이스라엘의 문인 아론 애플펠트Aharon Appelfeld의 말을 빌리면, 홀로코스트는 20세기를 상징하는 은유이며, 홀로코스트를 말하고 그에 관해 쓰는 행위는 영원할 것이다. 핑크 플로이드의 1983년 앨범 〈The Final Cut〉의 서곡으로, 멤버 로저 워터스가 제2차 세계대전 때 전사한 아버지에게 바쳤다. 흐른이 주도하는 작은 속삭임에서 시작해 웅장한 록의 사자후, "전후의 꿈에 도대체 무슨 일이!"라는 단말마와 같은 함성에 이어 마침내 철창의 쇠사슬이 끊기는 소리로 끝나는, 짧지만 극적인 구성이 멋지다.

15 토론의 달인

Sweet Dreams (Are Made Of This) • Eurythmics

절차민주주의의 원형을 찾아 그리스 아고라까지 찾아간 여정의 막바지를 느긋하고 쿨한 신서사이저의 스텝이 장식했다. 한 번 들으면 잊기 힘든 전자사운드와 중성적인 목소리, 남장 코스춤으로 1980년대를 풍미했던 영국의 프로젝트 듀오 유리스믹스 최고의 히트곡으로, 두 번째 앨범〈Sweet Dreams〉1983에 실렸다. 꿈으로 표상되는 무의식의 자유와 환상을 지적인 가사로 표현했다.

16 뉴딜

World • Five For Fighting

'노동하는 사회주의'라는 찬사까지 받았던 사회적 약자를 위한 경기부양책, 뉴딜의 역사적 현장을 신실한 목소리와 피아노가 채웠다. 빌리 조엘, 엘튼 존의 음악적 계보를 더욱 섬세한 감성과 태도로 계승하고 있는 미국의 싱어송라이터 존 온드라시크의 1인 밴드 파이브 포 파이팅의 음악으로 그의 2006년 앨범〈Two Lights〉에 실렸다. "지시도 명령도, 중력의 법칙도 없고, 망설임에 발목잡힐 필요 없는 황금으로 만든 세상"을 '건설'하자는 가사는 뉴딜송이라 이름해도 좋겠다.

20 Frame 1

No Control • David Bowie

"미래는 아득하고/ 빛은 저멀리 물러선 지금/ 모든 것은 착란, 제어불능의 상태…" 정치가의 권모술수가 대중의 두뇌신경까지 교란시키기에 이르렀다? 조지 레이코프의 '프레임 이론'을 빌려 부시 정권의 우민화 정책을 비판한 에피소드. 세계대중음악사의 혁명가라 불리는 브라이언 이노, 팝을 초창부터 뒤흔든 교란자 데이빗 보위가 함께한 1995년 앨범〈Outside〉에 실린 음악. 망망대해를 패닝하는 카메라처럼 담대하게 질주하는 이노의 일렉트릭 사운드와 보위의 유유자적하게 휘청거리는 노래에 실린 가사는 참과 거짓을 구분할 수 없게 된 불운한 세대의 마지막 구조요청신호인지도 모른다.

20 Frame 2

Say (All I Need) • One Republic

"마음이 어디 있는지 아나요?/ 찾을 수 있을 거라 생각하나요?/ 다른 것과 바꿔버린 건 아닌가요?" 이노, 보위의 사운드 프레임의 바통을 이어받아, 영국 모던록일렉트로니카 밴드 원리퍼블릭이 거짓 없는 화합의 시대와 세대를 꿈꾸는 음악을 선보였다. 2008년 동명의 싱글에 실렸다.

21 세상에서 가장 싼 밥

You Don't Know Me • Ben Folds Five

마음이 배부른 식당. 부대비용을 줄이는 것으로 없는 이들에게 따뜻한 국밥을 한 그릇 더 내미는 사람들. 기타리스트가 없어도 사랑과 행복의 메시지를 한가득 담아냈던 록밴드 벤 폴즈 파이브와 닮았다. 피아노, 베이스, 드럼만으로 명민하고 감칠맛나는 '록'의 지평을 열었던 밴드의 리더 벤 폴즈의 솔로 앨범 〈Way To Normal〉(2008)에 실렸고, 러시아계 미국인 싱어송라이터 레지나 스펙터가 함께 했다.

26 494,011개의 꿈

아무 생각 없이 • 배드 테이스트(Bad Taste)

개발도상국의 발전사에 가려진 '어린' 얼굴들. 실업계 고교생들의 고민과 무관한 현실을 담담하게 그려낸 에피소드의 테마음악. "가끔씩 나의 모자람을 있는 그대로 인정하면 아무 생각 없이 야호해…"라며 꿋꿋하게 자위하는 목소리는 1990년대 후반, 낡고 가난한 기타의 선율에 '출구 없는 신세대'의 감성을 담아낸 인디 밴드 배드테이스트의 리더 원종우의 것이다. 1995년에 발표한 〈Bad Taste〉의 타이틀로, 1980년대 한국 포크 음악의 내면성과 펑크록의 외면을 진솔하게 접목했다.

29 '위험'한 힘

You Found Me • The Fray

'표현되지 않은 것은 존재하지 않는 것'이란 말을 '자신을 설명할 수 없다면 존재하지 않는 것'이라 바꿔 말할 수 있을까. 인문학의 위기를 말하며, 인문학을 방치하는 시대에 인문학을 통해 삶과 세상을 성찰하고, 그것에 대응하고 극복하는 힘을 뒤늦게 발견한 사람들이 있다. 그래도 '당신이 나를 찾아냈다'며 힘주어 노래하는 건 미국 록밴드 프레이. 노예선 '아미스타드'에서 삶의 의욕을 잃은 노예의 절망을 극화한 내용의 음악으로, 2009년에 발표한 두 번째 앨범 〈Fray〉에 실렸다.

30 최고의 자격

The Crane Wife 3 • Decemberists

개인적 무지가 아니라 마땅한 자본금이 없어 가난한 사람들. 그들에게 달려간 경제학자 무하마드 유누스. 그가 설립한, 담보도 신원보증도 없는 사랑과 평화의 대출업체 '그라민 뱅크'. 가난이 희망이 되는 미증유의 아름다운 신화에 미국 록밴드 디셈버리스츠가 경건한 축제가를 들려주었다. 2006년 앨범 〈Crane Wife〉에 실렸고, 밴조와 현악 오케스트레이션을 압도하는 원초적인 아프리칸 비트가 가난한 이들의 희망과 함께 한다.

영상과 소리의 한바탕 어우러짐을 위하여

방송에서 5분은 짧다면 짧은 시간이지만, 달리 보면 한없이 길 수도 있는 그런 시간이다. 더군다나 내레이션이 없다면 상대적으로 그 시간은 더욱 길어지고, 그만큼 음악의 역할도 한결 중요해질 수밖에 없다. 물론 음악은 내레이션이 없는 빈 공간을 채우는 것뿐만 아니라 시청자들에게 방송이 말하고자 하는 메시지를 올바르게 전하는 도우미 역할도 해야 한다. 이런 까닭에 내레이션이 없다는 것은 음악하는 사람에겐 많은 부담을 주는 것이기도 하지만, 반대로 무한한 기회를 주는 것이기도 하다. 그 부담스러운 기회(?) 덕분에 지식채널ⓔ가 다른 프로그램과는 전혀 다른 자기만의 스타일 내지 색깔을 가질 수 있었을 터다.

첫 편인 '1초'에서 내레이션을 대신할 음악을 사용하긴 했지만 그것이 지식채널ⓔ만의 특징이라고 할 수 있는 정도는 아니었다. 그래서 음악감독으로서 뭔가 아쉬움을 느끼고 있던 차에 세 번째 편에서 마침내 기회가 왔다. '우주탐험의 또다른 역사' 편인데, 삽입된 곡은 핑크 플로이드Pink Floyd의 전 멤버였던 로저 워터스George Roger Waters가 부른 〈Lost boys calling〉이었다.

프로그레시브록Progressive/Art Rock이나 모던록Modern Rock, 멜로딕메탈Melodic Metal, 거라지록Garage Rock 등의 음악들은 주지하다시피 그들만이 가지고 있는 독특한 성격 때문에 음악전문 프로그램에나 어울릴 수 있으니, 특별히 그 음악을 염두에 두고 의도해서 사용하지 않는 이상 일반적인 방송에서는 거의 접할 수 없는, 소수 마니아를 위한 음악이라 할 수 있다. 이렇게 '까다로운' 음악이 지식채널ⓔ에 비교적 잘 어울릴 수 있었던 이유라면 그 음악이 담고 있는 메시지 또한 프로그램이 전하고 싶었던 메시지와 많은 부분 일치하고 있었기 때문이리라.

음악이 메시지를 잘 전달하도록 도와준다는 의미는, 우선 전체적인 분위기(틀)를 한두 개의 톤으로 묶어주면서(잡아주면서) 영상에서 다 말하지 못했던(채울 수 없었던) 감성적인 부분은 물론 때론 감춰져 있는 그 이상의 것을 시청자가 찾을 수 있도록 안내하는 역할을 한다는 것이다. 그러기 위해 때로는 음악을 직접적으로 사용하여 전하려는 메시지를 극단으로 밀고가기도 하고, 때론 반대로 영상에서 전하는 메시지와 일정한 거리를 두기도 한다.

재미있는 건, 이런 방식으로 음악작업을 하다보면 원곡이 가지고 있는 특징이 그대로 살아 시청자에게 어필되기도 하지만 경우에 따라 원곡이 가지고 있던 의미나 색깔과는 전혀 다른 의미가 부여되기도 한다는 점이다. (이런 의외성을 염두에 두고 편집된 프로그램을 보는 것도 음악감독의 입장에서는 또다른 재미거리라 할 수 있다.) 그렇기에 지식채널ⓔ의 분위기나 메시지를 전달함에 있어 많은(적지 않은) 영향을 주는 것이 음악이기도 하지만, 지식채널ⓔ의 영향을 받아 또다른 의미를 부여받는 것 또한 (지식채널ⓔ에서의) 음악인 셈이다.

지식채널ⓔ 한 편 한 편, 때로는 음악 한 곡 한 곡이 의미를 갖게 되기까지의 과정이 결코 쉽지만은 않았다. 전체 제작과정에서 가장 마지막 프로세스에 속해 있는지라, 미리 구성원고를 보고 음악을 낯 꼭 선곡해가더라도 처음 생각했던 콘셉트에 딱 들어맞는 경우보다는 쉽게 결정을 내리지 못하고 정말 잘 맞는 곡을 찾기 위해 몇 시간씩 이 음악 저 음악을 들어봐야 하는 날들이 더 많았다. 그러다보니 밤을 샌 날들도 꽤 된다. 어떻게 보면 단순하게 생각할 수 있는 음악작업에 그렇게 공을 들였기에 비로소 지식채널ⓔ라는 '음악이 있는 시詩'를 매번 완성할 수 있었을 것이다.

시청자와 이 책의 독자들이 지식채널ⓔ를 떠올릴 때 문득 생각나는 음악이 한 곡이라도 있다면, 또는 어떤 음악을 우연히 들었을 때 지식채널ⓔ의 한 편을 떠올릴 수 있다면 음악감독으로서 더 이상 바랄 것이 없겠다.

— 이미성, 지식채널ⓔ 음악감독

이 도서의 국립중앙도서관 출판도서목록(CIP)은 홈페이지(http://www.nl.go.kr/cip.php)에서 이용하실 수 있습니다. (CIP 제어번호 : CIP 200900486)

지식e⁴

© EBS 2009

1판 1쇄   2009년 2월 27일
1판11쇄   2013년 10월 8일

기획·방송	EBS
지은이	EBS 지식채널ⓔ 제작팀
펴낸이	김정순
기획	김소영
책임편집	한정수 김소영 손동수
디자인	박대성
마케팅	김보미 임정진 전선성
펴낸곳	(주)북하우스 퍼블리셔스
출판 등록	1997년 9월 23일 제406-2003-055호
주소	121-840 서울시 마포구 양화로 12길 24(서교동 선진빌딩) 6층
전자우편	editor@bookhouse.co.kr
홈페이지	www.bookhouse.co.kr
전화번호	02-3144-3123
팩스	02-3144-3121

ISBN 978-89-5605-327-1 03810

* 본문에 포함된 사진 및 통계, 기사, 인용문 등은 가능한 한 저작권과 출처 확인 과정을 거쳤습니다.
  그 외 저작권에 관한 문의사항은 편집부로 해주시기 바랍니다.